Christa Meves

Eltern-ABC

Kinder sind Rätsel von Gott
schwerer als alle zu lösen,
aber der Liebe gelingt's,
wenn sie sich selber bezwingt.
Friedrich Hebbel

Ich habe mir geschworen, immer und überall in meinen Schriften das göttliche Geheimnis und die menschliche Heiligkeit zu preisen, gegen meine Epoche, die sich mit Spott und Gleichgültigkeit von den wesentlichen Werten des Lebens abwendet.

Franz Werfel

VIA·VERITAS·VITA

WERKE VON CHRISTA MEVES

Alte Narben, neue Nöte
125 Seiten, € 7.–, Fr. 12.50

Antworten Sie gleich! Lebenshilfe in Briefen
5. Aufl., 143 Seiten, € 3.40, Fr. 6.–

Die Bibel hilft heilen
126 Seiten, € 5.50, Fr. 10.–

Mut zum Erziehen
26. Aufl, 154 Seiten, € 9.–, Fr. 13.50

Im Schutzmantel geborgen
158 Seiten, € 6.75, Fr. 12.–

Macht Gleichheit glücklich?
4. Aufl., 160 Seiten, € 3.90, Fr. 7.–

Positiv gesehen?
125 Seiten, € 4.90, Fr. 9.–

Unterwegs – In der Not unserer Zeit
3. Aufl., 174 Seiten, € 3.90, Fr. 7.–

«Wer Wind sät...»
2. Aufl., 189 Seiten, € 10.80, Fr. 15.–

Weise uns Herr Deinen Weg
Ein Bibeltagebuch, 228 S., € 9.90, Fr. 18.–

Zeitloses Maß in maßloser Zeit
125 Seiten, € 4.90, Fr. 9.–

CHRISTIANA-VERLAG CH-8260 STEIN AM RHEIN

CHRISTA MEVES

Eltern-ABC

Elemente einer christlichen Erziehung

CHRISTIANA-VERLAG
STEIN AM RHEIN

Biographische Notizen

Christa Meves, 1925, Studium der Germanistik, Geographie und Philosophie an den Universitäten Breslau und Kiel, Staatsexamen in Hamburg, dort zusätzliches Studium der Psychologie. Fachausbildung im Psychotherapeutischen Institut in Hannover und Göttingen. Freipraktizierende Kinder- und Jugendpsychotherapeutin in Uelzen. Arztfrau und Mutter zweier Töchter, sechs Enkel.
1974 Wilhelm-Bölsche-Medaille, 1976 Prix AMADE, 1978 Niedersächsischer Verdienstorden, 1979 Konrad-Adenauer-Preis der Deutschlandstiftung. 1985 Bundesverdienstkreuz erster Klasse. 1987 Konversion zum katholischen Glauben. 1995 Preis der Stiftung für Abendländische Besinnung, Zürich. 1996 Preis für Wissenschaftliche Publizistik, Würzburg. 2000 Preis der Vereinigung «Bürger fragen Journalisten», 2001 Deutscher Schulbuchpreis.
110 Buchpublikationen, Übersetzungen in 13 Sprachen. Gesamtauflage: über 5 Millionen Exemplare in deutscher Sprache.

Fotonachweis:
1. Umschlagseite: Bildarchiv Christiana
4. Umschlagseite: Christa Meves

4. Auflage 2002

CH-8260 STEIN AM RHEIN/SCHWEIZ

Satz und Layout: Christiana-Verlag
Druck: Graf-Lehman AG, Bern – Printed in Switzerland

Die Deutsche Bibliothek - CIP-Einheitsaufnahme

Meves, Christa:
Eltern-ABC :
Elemente einer christlichen Erziehung / Christa Meves.
4. Aufl. – Stein am Rhein: Christiana-Verl., 2002
ISBN 3-7171-1010-1

Inhaltsverzeichnis

Vorwort

Worauf es ankommt, um Kinder zum Christentum zu erziehen – das wurde ich von christlichen Eltern in den vergangenen Jahren immer häufiger gefragt. Die Orientierungslosigkeit, die Unsicherheit ist immer größer geworden – und viele Eltern haben auch leidvoll erleben müssen, dass ihre eigene entschiedene Ausrichtung allein nicht genügte, um die heranwachsenden Sprösslinge immun zu machen gegen das modische Verteufeln und Lächerlichmachen eines kirchlichen Lebens – ganz besonders im katholischen Bereich.

Um die verantwortungsbewussten, christlichen Eltern zu stärken und auch mit psychologischem Wissen abzustützen – dazu ist dieses Büchlein geschrieben worden.

Es möchte den Erziehenden Anregungen vermitteln, die es ihnen möglich machen, zu verhindern, dass ihre Kinder den Wölfen im Schafspelz anheim fallen. Durch rechtzeitiges Tun lässt sich vielem Seelenelend vorbeugen!

Ich hoffe, dass dieses kleine Werk in der Praxis des Familienalltags Frucht trägt, wie ich es von meinen vier anderen ABC-Taschenbüchern dankbar erfahren durfte.

Uelzen, Christa Meves

A – Aller Anfang ist das bedingungslose JA

Wenn wir einen gewichtigen Auftrag übernehmen, ein Mandat, oder ein Amt, so pflegen wir das zu bekräftigen – oft durch einen schriftlichen Vertrag mit unserer Unterschrift, oder durch einen feierlichen Akt. «JA, so wahr mir Gott helfe», schwören Politiker, die ein Regierungsamt übernehmen.

Mit einem «JA» des Paares wird das Sakrament der Ehe vor dem Altar besiegelt. JA zur Erziehung in christlicher Verantwortung sagen Eltern und Paten am Taufbecken. Aber dem eigentlichen, dem großen unabdingbaren JA zu unserem Kind – messen wir dem hinreichendes Gewicht bei? Sind wir vielleicht sogar in unserer Zeit in der Gefahr zu vergessen, dass das Kind für Eltern einer ihrer größten Lebensaufträge, im Grunde sogar ein heiliger Auftrag ist? Wann sollte dieses gemeinsame, bewusste «JA» zum Kind gesprochen werden? Gewiss nicht erst – so wird uns sofort klar – nachdem es sich in der Schule als ein Überflieger erwiesen hat, d.h. also, nachdem es uns durch seine Leistungen zu einem Wert geworden ist, und noch nicht einmal erst, nachdem wir es als ein gesundes Neugeborenes in den Armen halten, indem wir ihm allein durch seine Unversehrtheit unsere Annahme zuteil werden lassen.

Selbst der Zeitpunkt, an dem Arzt oder Test die Schwangerschaft bestätigen, ist nicht das große Anfangs-JA für moderne christliche Eltern. Das JA zum Kind sollte in gemeinsamer Übereinkunft vor der Zeugung gesprochen werden, als ein Einschluss gewissermaßen in den Ehevertrag mit Gott; es ist im Eheversprechen vor dem Altar bereits enthalten. Hier schon wird der Grund gelegt zu der Bereitschaft, eine Familie zu gründen und so am Fortwirken von Gottes Schöpfung durch einen persönlichen Beitrag teilzunehmen.

An Gottes Schöpfung teilnehmen, das heisst für einen jungen gesunden christlichen Mann und eine junge gesunde christliche Frau, die sich geheiratet haben, nicht einfach, sich einem fröhlichen, kindsverhütenden Lustleben hinzugeben, sondern zu erspüren, dass dieser Bund einen Wunsch ihres Schöpfers an sie persönlich enthält. Im Sakrament der Ehe ist die Erwartung Gottes enthalten, an seinem Ziel mitzuwirken: Dass sein Reich (und das heisst ein Leben, in dem die Liebe regiert) hier auf Erden komme.

Für ein christliches Ehepaar reicht es deshalb nicht aus, auf dem Boden einer Fehlvorstellung von selbstherrlicher Autonomie zu proklamieren: «Ich will ein Kind», sondern es heisst – ganz identisch mit dem großen marianischen Wort – «JA, Herr, mir geschehe, wie DU willst». Für ein christliches Paar ist das erste JA also bereits eine Antwort auf das Gebot Gottes, diesen Auftrag freiwillig aus Liebe, Gottvertrauen und Schöpfungsgehorsam zu akzeptieren.

Dieses muss uns meines Erachtens besonders tief ins Bewusstsein gebracht werden, weil selbst Christen an dieser Stelle häufig unbedenklich einem überheblichen Selbstbestimmungsmodell erliegen und meinen, die Sache mit der Familiengründung sei allein eine Entscheidung ihres eigenen «Gewusst wie» oder «Wie nicht». Man sollte sich hier keineswegs täuschen: Ein leichtfertiges «NEIN» aus Bequemlichkeit oder aus Zukunftsangst in der Vorstellung, dass dieses im Zeitalter der Verhütungsmittel schließlich ohne weiteres eine berechtigte Willensentscheidung sei, verkennt, dass das für das verheiratete Paar eine Verweigerung des Schöpfungsauftrages ist, dass es ein «NEIN» an die Adresse Gottes bedeutet.

Andererseits sollte das freiwillige Erst-JA zum Kind ein mündiges, ein verantwortliches, ein liebevolles JA sein. Jedes Kind ist ein Schöpfungsplan, ein Geschenk Gottes, auch ohne ein bewusstes JA der Eltern, auch das «Zufalls»-Kind; aber die Menschen sind nicht umsonst zur mündigen, freien Verantwortung gerufen. Wir sollten das bedenken: Habe ich auch für das Aufziehen des Kindes hinreichende Voraussetzungen geschaffen? Kann ich als Vater dieses Kind durch seine lange Kindheit hindurch versorgen und ernähren? Bin ich in der Lage, meiner Aufsichtspflicht ihm gegenüber hinreichend nachzukommen? Habe ich ein «Nest» für es erarbeitet? Jeder Vogel «denkt» das, bevor er Eier legt, d.h. er gehorcht seinem Instinkt. Gott denkt also gewissermaßen für den Vogel: Aber er mutet uns Menschen zu, solche Schritte der Verantwortung in der eigenen Regie zu vollziehen.

Nest vorbereiten, das kann heute auch für die moderne Frau bedeuten, es durch eigene Berufstätigkeit mitzuerwirken; aber das große Erst-JA zur Familie heisst für die Frau anders als für das Vogelpaar und mit größerem Aufwand als für den Mann Bereitschaft zur «Brutpflege», weil unter anderem die Ersternährung des Menschenkindes nun einmal durch den Leib der Frau geschieht und infolgedessen ein Auftrag an die Mutter ist.

Bereits das Erst-JA von Vater und Mutter hat für Christen unterschiedliche, aber sich tief und sinnvoll ergänzende Schwerpunkte. Das lässt sich erkennen, wenn junge Eltern ein wenig im Geist der Schöpfungsordnung nachdenken. Und eine solche allein wahrhaft christliche Einstellung – so lässt sich hinzufügen – hat sich auch erfolgreicher als alle modischen Trends erwiesen, die dieses unser Seinsollendes verleugnen.

Das verantwortungsbewusste Ehepaar der Moderne bedenkt deshalb vor seinem Erst-JA auch, dass es so etwas wie einen «verordneten» Lebenszeitraum zur Familiengründung gibt. Es reisst zum Beispiel bei uns immer mehr ein, sich als das Tüpfelchen auf dem i des Komforts schließlich auch noch ein Kind «zuzulegen», nachdem man als Paar einen langen Zeitraum der Unabhängigkeit, der Anschaffungen, der Weltreisen absolviert hat. Man glaubt, die Erfahrung der Wissenschaft, dass Spätlinge häufiger krank und mit schädigenden Komplikationen zur Welt kommen, in den Wind schlagen zu dürfen; und dabei steht diese Erfahrung durchaus im Einklang mit jener weisen Schöpfungsordnung, die besonders für junge Eltern, insbesondere aber für junge Mütter, plädiert. (Jenseits des 45sten Altersjahres wird die Frau sinnvollerweise ohnehin über kurz oder lang unfähig, Kinder zu bekommen.)

Die junge Mutter ist nötig, weil so eher die Gewähr besteht, dass die Eltern bis zum Flüggewerden der Kinder für sie zur Verfügung stehen. Es bedeutet deshalb für die moderne Frau mit einer langen Berufsausbildung ein besonders christliches, ein besonders gottgehorsames, weil opfervolles JA, wenn sie auf ihre Möglichkeiten zu mehr Unabhängigkeit um dieses Auftrags willen verzichtet.

Verantwortungsbewusstes christliches JA zum Kind setzt aber auch voraus, dass man die Schwangerschaft nicht künstlich gewissermaßen mit Gewalt erzwingt. Manchen jungen Frauen geht heute im Zeitalter des Schlankheitswahns die Fortpflanzungsfähigkeit verloren, wenn sie so viel Untergewicht haben, dass sie kein gesundes Kind austragen könnten. Schwangerschaft jetzt künstlich durch Hormongaben zu ermöglichen, bedeutet einen erzwungenen, grenzüberschreitenden Eingriff. Deshalb kommen Kinder dann häufig als Frühgeburten, oder auch als Vielfach-Mehrlinge, und das heisst als Risikokinder mit oft erheblichen späteren Lebensschwierigkeiten, zur Welt.

Die Voraussetzung zu einem verantwortungsbewussten christlichen JA zum Kind heisst in solchen Fällen vielmehr, aller Eitelkeit und allem Mitlaufen im Trend zu entraten und durch eine gesunde Ernährungsform die Fortpflanzungsfähigkeit (mit dem dazu von der Schöpfungsordnung vorgeschriebenen Mindestkörpergewicht) auf natürliche Weise zurückzugewinnen.

Die gleichen Bedenken gegen ein künstliches Eingreifen sind aus christlicher Sicht gegeben, wenn einer des Paares sich als zeugungsunfähig oder als genetisch belastet erweist. Reagenzglasschwangerschaften und Genmanipulationen sind Übergriffe des Mediziners in das Mysterium des Lebensanfangs. Sie sind unzulässig, weil die gläubige Ehrfurcht vor der Alleinbestimmung Gottes über Leben und Tod durch solche Eingriffe verletzt wird. Ist bei kinderlosen Paaren das Bedürfnis nach Familienbildung, nach einem Erziehen von Kindern in ihrer Obhut sehr groß, so gibt es auch heute noch die Möglichkeit, eines der endlos vielen leidenden elternlosen Kinder dieser Erde zu adoptieren.

Es gibt aber auch einen übereilten Entschluss, ein Kind in die Welt zu setzen ohne Nest, ohne Bedenken über den Werdegang des Kindes, allein aus bewusster, neugieriger Experimentierlust nach dem Motto: «Einmal schwanger sein» (unter Inanspruchnahme des sozialen Netzes und der Subventionen des Staates). Das ist nicht christlich. Auch das alleinige JA nur *einer* Person des Paares zum Kind lässt sich kaum so apostrophieren: Es bedeutet für ein Kind zum Beispiel eine schwere Hypothek, gegen die innere Bereitschaft seiner Mutter, die vom Erzeuger zur Schwangerschaft gezwungen wurde, ins Leben zu treten. Ebenso hat gerade das mannunabhängige Modell der alleinerziehenden Mutter, das den Kindsvater gewissermaßen nur als «Zeugungsfunken» benutzt, ihm aber seine familiäre Funktion als Vater verweigert, wenig Erfolg gehabt, weil das oft Überforderung und Vereinsamung der «autonomen Mutter» heraufbeschwor.

In dieser Weise als bedenklich hat sich viel trotziges, alleiniges «JA-sagen» zu einem Kind bei denjenigen Frauen erwiesen, die als die Geliebten verheirateter oder verantwortungsscheuer Männer auf ihren Kinderwunsch nicht verzichten wollten. In den meisten Fällen müssen diese Kinder, denen das Erst-JA gemeinsam von Mutter und Vater fehlt, eine Kindheit nicht im elterlichen Nest, sondern als Anhängsel verbringen – oft unter viel Zuhilfenahme öffentlicher Einrichtungen von der Krippe bis zur Kindertagesstätte, weil die Mutter für den Lebensunterhalt selbst zu sorgen hat. Oder sie werden irgendwem in der Ursprungssippe übergeben: Tanten, Paten, Großeltern, oder sie werden von einem anderen, die Mutter heiratenden Stiefvater übernommen. Das kann leidvolle Schwierigkeiten heraufbeschwören und seelische Störungen zur Folge haben.

Das übereinstimmende, verantwortliche, bewusst christliche Erst-JA des Paares ist eine bessere Voraussetzung für ein Gedeihen des Kindes und ein erfülltes

Leben, so hat die Erfahrung der vergangenen dreissig Jahre gelehrt. Dabei ist das «Fiat» des Mannes von nicht geringerer Gewichtigkeit als das der Frau, wenn es in bewusstem Opfer seiner Jung-Männer-Egozentrik eine Bereitschaft zum Lastentragen bedeutet; und das heisst: Zum Schutz und zur Hilfe für die Schwangere und für die Mutter mit den kleinen Kindern parat zu stehen.

Das bewusste christliche Erst-JA des Mannes zur Familie ist im Grunde ähnlich schwer wie das der modernen emanzipierten Frau; es steht ethisch besonders hoch, weil er es sich damit versagt, auf einen infantilen Anspruch – es bei der Ehefrau so bequem zu haben, wie als Kind bei der Mutter – zu beharren und statt dessen das ihm fremde Mutter-Kind-Mysterium in all seiner zunächst vorhandenen Aufdringlichkeit erduldet und es als bescheidener und verantwortungsschwerer Beschützer auf sich nimmt.

Das JA des Mannes zum Kind bedeutet, dass er seinen Alleinanspruch an seine Frau als sein geliebtes Lustobjekt und als unbezahlte Haushälterin um der Erfüllung des göttlichen Auftragswillens aufgibt, indem er – im christlichen Sinne reif – einen schweren, bewussten Verzicht seines Ego und seiner Antriebe mit diesem JA vorleistet.

Vielleicht mag das eben Gesagte den einen oder den anderen Leser entsetzen und in ihm die Vorstellung hervorrufen: Wenn das Christentum sei, sei es eben dem Menschen der Moderne nicht mehr zumutbar; aber gerade die neuen Erfahrungen heute – mit Einstellungen ohne eine Beziehung zu Gott und Jesus Christus – haben sichtbar gemacht, wie nötig hier ein neues, vertieftes gläubiges Bewusstsein ist, weil das auf die Dauer und bei der Erziehung der Kinder nicht weniger, sondern mehr Glück, nicht weniger, sondern mehr Freude, nicht weniger, sondern mehr Gedeihen und liebendes Miteinander zur Folge gehabt hat und noch hat.

Einer vorbedachten Bereitschaft dieser Art kann dann meistens über kurz oder lang das zweite große JA folgen – in der Freude über die eingetretene Schwangerschaft samt all dem dann aktivierten Eifer weiterer Vorbereitungen: vor allem der körperlichen und seelischen Gesunderhaltung der jungen Mutter. Die Medizin weiss heute: Alle Gifte schaden!

Kein Alkohol also, kein Nikotin, kein Rauschgift, keine verschreibungspflichtigen Tabletten – das verbietet die christliche Verantwortung für das Kind; denn das so denkende Paar akzeptiert, dass das Kind nicht sein Eigentum ist, sondern dass es ihnen, wie Gärtnern, als eine ausserordentlich kostbare, unbekannte, geheimnisvolle «Pflanze» anvertraut ist. Manche weitere Einschränkungen gehören während der Schwangerschaft in diesen Bereich: Lange Flugreisen sind besser zu vermeiden, ebenso waghalsige und anstrengende Unternehmungen und unnötige Eingriffe wie zum Beispiel kosmetische Operationen (wegen der Möglichkeit einer Schädigung des Kindes durch die Narkose). Statt dessen sollte sich das Paar, besonders auch der Partner soweit das in seiner Macht steht, um Fröhlichkeit und Freude bemühen.

Ungeborene mögen weder Stress noch Angst der Mutter, so haben amerikanische Untersuchungen ergeben, aber sie lieben schöne, sanfte klassische Musik, etwa Mozart. Das Ungeborene ist von Anbeginn an ein beseelter Mensch und schon sechs Wochen nach der Zeugung ein Organismus mit einem Zentralnerven- und einem Herz-Kreislaufsystem. Das Gehirn des Menschen beginnt, lange bevor es fertig ist, zu arbeiten und sich auszuformen.

Das JA zu dem im Leib der Frau wachsenden Kind kann häufig dem Paar sehr viel mehr christliche Leistung abverlangen, wenn das erste JA nicht bewusst vollzogen wurde. Wir haben seit 1976 ein unseliges Gesetz, das es der Frau praktisch leicht möglich macht, die Annahme des Gottgeschenkes zu verweigern und statt dessen die Tötung des Kindes in ihrem Leib zu veranlassen. Das bedeutet Gebotsübertretung. (Im Kapitel O wird ausführlicher davon die Rede sein.)

Wir Menschen haben nicht das Recht, den Plan Gottes zu vereiteln und ein bereits werdendes Kind zu töten. Wir Therapeuten erkennen besonders an den psychischen Folgekrankheiten der Mütter, wie wenig ihnen das seelisch bekommt, wie unglücklich sie später durch ihre Schuldgefühle werden, die gewiss nicht durch ein wenig «Gruppendynamik», sondern allenfalls durch das Abgeben an Jesus Christus im Bußsakrament und das Annehmen seiner Vergebung im heiligen Mahl gelöscht werden können.

Es ist gewiss sehr schwer, wenn das bewusste Erst-JA nicht gesprochen wurde, das JA zum nun werdenden Kind zu sagen, obgleich es nicht gewollt war. Es ist schwer für das verheiratete Ehepaar, wenn es mit dem Nestbau noch nicht fertig ist und die Zukunftspläne durchkreuzt. Es ist schwer, wenn eine Mutter schon ein Kind an der Brust hat, das heisst, wenn die folgende Schwangerschaft zu früh erfolgt. Es ist schwer, wenn das Nest bereits voll ist und die Eltern meinen, ihre finanziellen und seelisch-körperlichen Kräfte seien so ausgelastet, dass sie ein weiteres Kind nicht mehr «verkraften» könnten. Es ist erst recht schwer, wenn das Paar gar nicht verheiratet ist, die Kindsmutter sehr jung oder psychisch schwach oder gar eher an der Altersgrenze zum Mutterglück ist. Es ist elend schwer, wenn der Kindsvater sich weigert, die Verantwortung für das Kind zu übernehmen, und wenn niemand im Umfeld der Schwangeren Mitverantwortung übernehmen will, sondern alle «zur Vernunft» redend, auf Abtreibung drängen.

Damit die werdende Mutter, bzw. das christliche Elternpaar, sich in solchen Fällen zu einem mühsamen, aber gottgehorsamen JA durchringen kann, ist es sehr hilfreich, sich an der Mutter des Erlösers zu orientieren. Sie sagte JA trotz Skandal, trotz unpassender Situation, trotz fehlender Möglichkeit zu angemessener Vorbereitung, und zwar nicht aus Leichtfertigkeit und Verantwortungslosigkeit, sondern weil die Tiefe ihres Glaubens, ihres Gottvertrauens ihr vermittelte, dass dieses ihr schweres JA bei ihrem Vater Gott eine solche Freude auslösen würde, dass er selbst für ihren und des Kindes Schutz sorgen würde. Die Josef durch Träume vermittelten Schutzaufträge bestätigen dieses Vertrauen von Maria in einer wahrhaft wunderbaren Weise.

Es ist offenbar ein großer Unterschied, ob Menschen eine solche fundamentale Entscheidung – wie die für oder gegen das Kind – treffen, indem sie sich überheblich darüber hinwegsetzen, dass Gott Herr über Leben und Tod ist, oder ob sie sich angesichts der Entstehung eines ungewollten Kindes zu Ihm bekennen. Tun die Betroffenen das ausdrücklich, sagen sie ebenso erschüttert wie besorgt, aber dennoch in ganz bewusster Fügsamkeit JA zum Kind, so pflegt das erfahrungsgemäß, manchmal erst nach langer, geduldig durchgetragener harter Wegstrecke Schicksalsglück zur Folge zu haben. Wieviele Mütter, die sich erst vor der Überlastung durch ein weiteres Kind fürchteten, haben mir später mit glänzenden Augen erzählt, wie leicht sich die Geburt und Pflege gerade dieses Kindes gestalteten, wie die Geschwister es miterzogen, was für eine besondere Freude gerade dieses Jüngste oder dieser Nachkömmling ist, oder auch noch als Erwachsener den Eltern Freude gebracht hat –, wie gut der neue Kindersegen zum direkten Segen für alle Familienmitglieder wurde, selbst wenn sparsam gewirtschaftet werden musste, und die älteren Kinder haben mithelfen müssen; wie sehr dies alles letztlich zum Gedeihen aller beigetragen habe.

Je direkter das schwere JA zu einem ungewollten Kind eine bewusste Antwort auf Gottes Tat ist, ein neues, kostbares Menschengeschöpf geschaffen zu haben, um so mehr Positives entsteht aus diesem JA. Die großen und schweren, Überwindung erfordernden, ebenso bewussten wie demütigen Entscheidungen für Gott lösen offenbar eine Dankbarkeit des Schöpfers aus, die das Tor zu Wundern, besonderen Begnadungen und religiöser Ausreifung öffnet.

Nicht vergessen werden darf in diesem Zusammenhang, dass es glücklicherweise in unserem Land auch heute noch viele echt christliche Paare gibt, denen Anfechtungen zur Abtreibung fern bleiben, selbst dann, wenn die Eigenregie zur Familienplanung versagte; die also selbst das noch nicht und nicht mehr geplante Kind nach dem ersten Schrecken und Überraschtsein vielmehr sehr bald und ohne wenn und aber als ein ganz besonderes Geschenk Gottes verstehen können. Es ist in solchen Situationen in der Tat unermesslich wichtig, die Schwangerschaft nicht als ein Versagen eines der Partner aufzufassen und sich auch noch gegenseitig mit Anklagen,

Vorwürfen und Schuldzuweisungen zu belasten, sondern das Werden des Kindes unter das große Christuswort zu stellen: «Nicht mein, sondern Dein Wille, Gott Vater, geschehe!»

Die Vorstellung nämlich, dass Gott dieses Elternpaar gewissermaßen mit Nachdruck und gegen seinen Kleinmut mit einem Kind beschenken will, lässt das christliche Paar darin vielmehr eine besonders bedeutungsvolle Begnadung erspüren – ganz im Sinne der biblischen Abraham- und Zachariaspaare und ihrem erstaunten, aber gottgehorsamen «JA» zu den so spät geschenkten Kindern. Diese beiden biblischen Vorbilder sagen in einer für christliche Eltern auch noch heute zutreffenden Gültigkeit aus, dass der späten Ausnahme meist auch eine ganz besondere Bedeutung innewohnt.

Freilich gibt es alleinstehende Mütter wie auch christliche Paare, für die zwar Abtreibung ausser Frage steht, die aber dennoch – oft in bedrängter Situation – das bedingungslose JA zum werdenden Kind nicht schaffen. Sie quälen sich weinend durch die Schwangerschaft. Manche melden das Kind zur Adoption an. Für diese Frauen ist die Stunde der Geburt noch einmal eine schwere Anfrage. Die Erfahrung lehrt, dass die Entscheidung, das Kind zur Adoption freizugeben, endgültig getroffen sein muss, bevor das Kind geboren ist. Hält die Mutter es erst einmal in ihren Armen, so wird sie von ihrem Pflegeauftrag oft so rasant überrannt, dass sie den Antrag rückgängig macht.

Dieses schwerste JA ist für eine christliche Frau in der Tat ein «JA, so wahr mir Gott helfe». Aber auch das JA zur Adoption kann in extrem bedrängter Situation – etwa wenn die Mutter selbst mit einer tödlichen Krankheit belastet ist oder das Kind aus einer Vergewaltigung stammt – in tiefer, schwerer christlicher Verantwortung wurzeln und von dort seine Berechtigung erfahren.

Glücklicherweise ist das JA zum Kind, nachdem es erst einmal das Licht der Welt erblickt hat, für viele christliche Eltern kein schweres, sondern ein jubelnd beglücktes JA, wenn die Geburt komplikationslos verlaufen und das Kind gesund ist. Die meisten christlichen Eltern haben heute keine Probleme mehr mit diesem JA, selbst, wenn das Kind nicht ihrem Wunsch nach einem bestimmten Geschlecht entspricht. Glücklicherweise verbieten sich die meisten christlichen Eltern bereits während der Schwangerschaft das Festbeissen an bestimmten Wünschen, etwa nach dem Motto: «Es muss ein Junge, nämlich ein Stammhalter sein.»

Das wagen heute selbst Väter mit tradierten Familienbetrieben von ihrem Gott nicht mehr zu fordern. Und kaum eine der selten gewordenen Märchenfamilien mit den sieben Söhnen sagt «Nein» zu einem achten, nur weil es nicht die ersehnte Tochter geworden ist. Das ist eine erfreuliche Entwicklung; denn, so lehrt die psychotherapeutische Erfahrung, eben das bedingungslose Annehmen des Kindes ist grundsätzlich und deshalb auch in diesem Punkt so etwas wie ein Lebenselixier, eine Grundvoraussetzung dafür, dass der uns anvertraute Mensch später auch seine eigene Existenz fröhlich und durchhaltend bejahen kann.

Das ist freilich besonders schwer, wenn das Kind nicht gesund geboren wird, wenn es einen angeborenen Defekt hat oder einen Geburtsschaden davontrug, oder wenn das Kind zu schwach ist, so dass es in der Klinik verbleiben muss und sein Leben lang gefährdet bleibt. Diesen Eltern wird ein hartes JA abverlangt; und die Praxis lehrt, dass das eine hoffnungslose Überforderung für Eltern bedeutet, die nicht im Glauben stehen.

Nur der Glaube, nur das Gebet, die Fürbitte der Nächsten und auch einer Gemeinde können die Eltern, die geschockt den Schicksalsschlag auszuhalten suchen, mit hinreichender Kraft beschenken. Das Schicksal anzunehmen, ein behindertes Kind zu haben und auch ihm ein bedingungsloses JA zuzusprechen, bedeutet tränenreiche Demut. Aber sie lohnt sich sehr, wenn das Paar es sich verbietet, nun Hader gegen Gott oder gegeneinander Raum zu geben. Jesus Christus selbst hat alle christlichen Eltern, die an dieser Stelle meinen, von Gott geschlagen zu sein, mit einem wunderbaren Trost beschenkt: Nicht nach den Sünden der Eltern solltet ihr, die ihr euch unwissend und unberechtigt zu Richtern aufwerft, graben, sondern wissen, dass der kranke, behinderte gläubige Mensch in einem besonderen Liebesschutz des gerechten Gott Vaters steht.

Bei Johannes (9,3) sagt Christus: «Weder dieser hat gesündigt noch seine Eltern, vielmehr sollen die Werke Gottes an ihm offenbar werden.» So wie Christus diesen Blindgeborenen dann sehend macht, so stehen seither alle, die auf Christus hoffen, hier in einer besonderen Verheissung von Gottes Nähe, die Leidtragende sogar mit besonderer Glaubenserhellung zu beschenken vermag.

Es gibt also drei große Anfangs-«JA» der Eltern zu Gott und zu ihrem Kind am Lebensanfang. Und sie sind ein unbezahlbarer Grundstock für das seelische, körperliche und geistige Gedeihen eines Menschen, wenn er seinen Lebenslauf in diese Welt hinein jenseits von Eden beginnt.

B – Bindung ist Glaubensvorbereitung

Wenn wir modernen Menschen doch nur wieder mehr Aufmerksamkeit für die Zeichen entwickeln könnten; wir hätten dann viel mehr Chancen, die Zusammenhänge unseres kleinen individuellen Lebens mit den überzeitlichen Planungen zu erahnen! Wie recht hat Goethe mit seiner Schlussbemerkung in «Faust»: «Alles Vergängliche ist nur ein Gleichnis», und wie bedeutungsvoll wird so vieles Vergängliche, wenn wir es unter dieser Blickrichtung ins Auge fassen!

Ungeboren war zum Beispiel jeder von uns mit seiner Mutter (sinnvollerweise und ärgerlich für die Gleichheitsideologen nicht mit seinem Vater) durch eine Nabelschnur verbunden. Die Intaktheit dieser Verbindung war der Garant für unser Wachsen und Gedeihen im mütterlichen Leib.

Ohne diese Urverbindung läuft nichts. Die Nabelschnur bildet das nährende Gewebe und damit den unaufgebbaren Mittler zwischen der spendenden Mutter und dem empfangenden Kind. Ist nicht auch diese Gegebenheit bereits ein Gleichnis? Sie symbolisiert die vorbehaltlose Spende des lebensnotwendigen Saftes – von Blut. Blut ist die uns von Gott geschenkte Lebenskraft schlechthin. Man könnte also interpretieren: Durch die Mutter als Mittlerin ist das ungeborene Kind per Nabelschnur mit Gott verbunden. Der Menschenkeim wird geschützt dadurch, dass er von mütterlicher Leiblichkeit ganz und gar umgeben ist.

Die Nabelschnur als Symbol eines ununterbrochen strömenden Nährstroms an Liebe von Gott zu Mensch zeigt die Vorbehaltlosigkeit der schenkenden Liebe Gottes, ebenso auch wie die Individualität dieser Beziehung. Sie ist zunächst eine Du-Ich-Beziehung und sie ist urtümlich lebensnotwendige Abhängigkeit.

Lauscht man als christliches Elternpaar solchen Vorstellungen nach, so wird deutlich, dass dieses Mysterium der Urverbindung des werdenden Kindes mit Gott viel mehr bedeutet als einen physiologischen Vorgang und dass sich Christen auf überflüssiges Stören dieses Prozesses (etwa durch Fruchtwasseruntersuchungen) nicht einlassen sollten.

Nach der Geburt wird das Kind «entbunden». Die Nabelschnur wird durchgetrennt, und als Erinnerung an diese Erstphase unseres Lebens bleibt der Nabel in unserer Bauchmitte zurück. Zwar wird mit der Geburt und der Abnabelung der Mensch aus dieser Form engster Bindung entlassen; aber die Delle, groß wie der Eindruck eines Daumens, bleibt wie in weiches Wachs in unsere Leibesmitte eingestanzt und ist damit eine unabweisbare Erinnerung an die Urgebundenheit, ja, wie ein Fingernachdruck Gottes mit dem Anruf: «Ich habe dich bei deinem Namen gerufen, du bist mein. Ich selbst, Gott, bin das unauslöschbare Siegel deiner Mitte!»

Freilich ist mit dem Prozess der Abnabelung keineswegs die Verbindung zur Mutter nun bereits total durchtrennt. Keineswegs wird das Kind unwillkürlich und übergangslos einer Betreuung durch andere Personen ausgeliefert, oder gar sofort in eine totale Freiheit entlassen. Nein, die Verbindung zur Mutter ist lediglich verändert. Das heisst, die Befreiung zur Unabhängigkeit wird in winzigen, langfristigen Entfaltungsphasen vollzogen. Nach der Geburt ist die Verbindung zur Mutter schon ein wenig flexibler. Aber gesunderweise erfolgt die Loslösung des Kindes von der Mutter in vielen kleinen Schritten und gelangt erst nach langen Jahren jenseits der Pubertät allmählich zu einer Art Abschluss.

Die Form der Bindung des Kindes an seine Mutter ist im ersten Lebensjahr durch eine subtile Stufenfolge gekennzeichnet, die sehr gesetzmäßig vonstatten geht, was darauf schließen lässt, dass sie vorgeordnet ist. Vieles hat die Wissenschaft erst in der letzten Zeit zutage gefördert, zum Beispiel: Anscheinend kennt das Neugeborene den Herzschlag und die Stimme seiner Mutter; es beruhigt sich leichter, wenn es sie hört. Das Kind kann unmittelbar nach der Geburt saugen und beginnt, wenn es gesund ist, auch sofort damit, wenn man es an die mütterliche Brust anlegt.

Die Erstmilch der Mutter, das Kolostrum, ist ein unschlagbarer Immunschutz gegen Infektionen für den Säugling. Jede Mutter kann voll stillen, wenn man den Säugling immer dann anlegt, wenn er danach verlangt. Die Muttermilch hat sich – trotz der Erfindung so fabelhafter Ersatzpräparate – als unersetzbar erwiesen. Sie ist ein unübertreffbarer Schutz gegen die vielen neuen Viruserkrankungen und die epidemisch angestiegene Häufung der Allergien und anderer Erkrankungen, besonders der Haut.

Voll gestillte Kinder leiden wesentlich weniger an schweren Ernährungsstörungen, so dass ihnen in viel geringerer Zahl frühe Krankenhausaufenthalte und frühe Mutter-Kind-Trennungen zugemutet werden müssen. In einer Zeit, in der es erstmals in der Geschichte möglich wurde, in großer Zahl ungestillte, unbemutterte Kinder ins Erwachsenenalter hinüberzuretten, wurde immer deutlicher, dass die Bindung des Säuglings an die Mutter zur

Schöpfungsordnung gehört und dass man sie nicht willkürlich aufs Spiel setzen darf, ohne die Entwicklung zum seelisch gesunden Erwachsenen zu gefährden.

Deutlich wird darüber hinaus, dass der Säugling, der seine Nahrung in den ersten Monaten aus der mütterlichen Brust bezieht, seine Verbindung zur Mutter über die leibliche Verbindung zu ihr zu einer seelischen ausgestaltet. Schon nach wenigen Tagen beginnt das Kind das über es gebeugte Gesicht der Mutter zu fixieren. Es fasst die Mutter gewissermaßen ins Auge. Nach kurzer Zeit lächelt es sie an – zunächst meist, wenn es satt geworden ist. Danach, etwa mit drei Monaten, beginnt es – ohne die Möglichkeit zu haben, Worte zu formen – mit ihr zu sprechen, mit Eifer und unter Blickkontakt.

Lose Bindung nimmt das Kind im Laufe des ersten Lebensjahres mit allen weiteren Personen der Umgebung auf. Es erkennt, unterscheidet und gewöhnt sich an sie. Aber für den gestillten Säugling bleibt die Mutter vorrangig die Hauptbezugsperson. Bei ihr gibt es Schutz vor Fremden, von ihr lässt es sich besser als von jeder anderen Person (einschließlich des Vaters) beruhigen.

Diese modernen Forschungsergebnisse haben nichts mit «Mutter-Mythos» zu tun wie es immer wieder unterstellt wird, sondern sie sind Kennzeichen der vorgegebenen Schöpfungsordnung des Menschengeschlechts, und sie sind ein Zeichen dafür, dass der zur Freiheit und Unabhängigkeit drängende Mensch gleichzeitig in personale Bezüge eingebunden ist; ja, dass der Vollzug einer dualen Erstbindung an die Mutter die tragende Voraussetzung ist für weitere Bindungsmöglichkeiten im späteren Leben. Diese Vorstellung ist durch eine fundierte Erfahrungswissenschaft, die sogenannte Deprivationsforschung gut unterlegt: Die Gefahr, dass kollektiv aufgezogene, in der frühen Kindheit ihrer Mütter beraubte und von ihnen aus Karrierebestrebungen verlassene Kinder später ohne tiefgreifende Bindungsmöglichkeit, und das heisst damit auch nicht zu echter Liebesbindung fähig sind, ist in den Industrienationen epidemisch groß geworden. Besonders klar sichtbar ist das in den Diktaturen des Ostblocks. Sucht, Kriminalität und Arbeitsunfähigkeit als Folge schwerster seelischer Defizite, Erkrankungen, die in der Fachsprache als neurotische Depression und als neurotische Verwahrlosung bezeichnet werden, verhindern seelisch kraftvolle Entfaltung. Das macht christliche Erziehung, die liebende religiöse Bindung zum Ziel hat, ausserordentlich mühselig.

Die Schillersche Überzeugung: «Brüder, über'm Sternenzelt muss ein lieber Vater wohnen», ist den so fehlgepflegten Kindern eine Weisheit mit sieben Siegeln, und dies bedeutet, dass der Weg zum Glauben an einen himmlischen Vater seine erste Vorbereitung durch den opferbereiten Einsatz einer irdischen Mutter erfahren muss.

Glaubenserziehung heute beginnt deshalb bei einem sehr bewussten JA zu dieser wissenschaftlich fundierten Erfahrung unseres Jahrhunderts. Für christliche Eltern beginnt das mit dem Versuch, soweit es nur irgend in ihrer Macht steht, die Voraussetzungen dafür bereitzustellen, dass die Erstbindung des Neugeborenen so ungestört wie möglich durch die ersten Lebensjahre hindurch vonstatten geht.

Leider ist das trotz all der negativen Erfahrungen mit der gezüchteten Bindungslosigkeit der einst kollektivierten Kinder hierzulande gewiss immer noch leichter gesagt als getan. Noch heute hält man in den Kliniken ein Elternpaar, das vorsorglich danach fragt, ob die Neugeborenen tags und nachts bei ihren Müttern bleiben dürfen, eher für überbesorgt. Noch immer ist es beim Klinikpersonal in der Bundesrepublik Deutschland keine Selbstverständlichkeit, der jungen Mutter dabei behilflich zu sein, so rasch wie möglich zu einer Einbahnung des Stillvorgangs zu kommen und das Kind nach Bedarf zu stillen; ganz abgesehen von all den unverantwortlich-leichtfertigen Äusserungen über eine vermutete Stillunfähigkeit und gar ungerechtfertigten Maßnahmen zur Stillverhinderung.

Ein christliches Elternpaar muss um die Gewährleistung einer natürlichen Mutter-Kind-Beziehung heute oft noch gegen ein uniformes, falsch ausgebildetes Klinikpersonal kämpfen. Aber es sollte sich hier nicht anpassen. Viel zu viel steht auf dem Spiel. Auch hier bei diesem vierten großen JA, dem zum Stillen, handelt es sich um nichts weniger als um einen Schöpfungsgehorsam, der sich an der Erfahrung als unaufgebbar, nicht nur für die seelische Gesundheit im Erwachsenenalter, sondern als Voraussetzung zur Glaubenserziehung erwiesen hat.

Bewusste Christen haben auch wenig Mühe, die Unterschiedlichkeit der Aufgaben von Mutter und Vater bei der Betreuung des Kleinkinds zu akzeptieren. Wenn sie sich nur ein wenig gesunden Menschenverstand und einen intakten Instinkt gegen die ideologisierten Zeitströmungen bewahrt haben, nehmen sie diese gleich große, aber doch unterschiedliche Verantwortung für ihr Kind in einer natürlichen Weise wahr: Der Vater, indem er Hilfestellung gibt, indem er umsorgt und einen Teil der Pflichten im Umfeld schutzgebend übernimmt, die Mutter, indem sie in den ersten Monaten die Pflege des Säuglings als ihre zentrale Aufgabe versteht. Das hat nichts mit einer «Rollenfixierung» zu tun, wie immer wieder mit dem geradezu diabolischen Zweck unterstellt wird, die naturnotwendige Erstbindung des Kindes an die Mutter zu verhindern und so seiner raschen Eingliederung in kollektive fremdbetreuende Pflegeformen und einer frühen Berufstätigkeit der jungen Mutter Vorschub zu leisten.

Christliche Eltern sollten Trends dieser Art als Signale einer gefährlichen Künstlichkeit erkennen, die sie nötigen wollen, sie bereits im Ansatz um die späteren guten Früchte ihrer Kindererziehung zu bringen, ja, die in der Tiefe zerstörerisch sind, weil sie einer Glaubensverhinderung dienen. Zwar gibt es gewiss trotz fehlender, naturhafter Basis und opferbereiter Liebe des Elternpaares am Lebensanfang für Menschen, denen diese Wurzeln fehlen, im Erwachsenenalter Wunder der Begnadung mit Glauben durch unseren Gott; aber es steht uns als verantwortungsbewussten christlichen Eltern wohl an, nicht durch eigenmächtige Manipulation und leichtfertige modische Trends Gott und seiner Ordnung zu spotten. Die gottgehorsame Haltung des marianischen Paares als Vorbild für Christen ist deshalb auch heute noch mehr als aktuell!

Dabei ist die Erstbindung an die Mutter ein zwar nicht überspringbarer, aber dennoch lediglich ein erster Schritt zum Glauben. Über die Bindung an den Vater, an Geschwister, an Großeltern, an Verwandte, an Freunde gewinnt das Kind weitere Glaubensvoraussetzungen. Ohne eine gütige liebevolle Vaterfigur ist es schwerer, zur Vorstellung an einen unendlich liebevollen Vater Gott vorzustoßen. Ohne Einbindung an leibliche Brüder und Schwestern, die von den Eltern zu einem liebevollen Umgang miteinander erzogen und angehalten werden, ist Geschwisterlichkeit unter erwachsenen Christen schwerer erlernbar. Der Ostblock hat uns erkennen lassen, dass Frühkollektivierung die Voraussetzung zu mitmenschlicher Gruppenfähigkeit nicht erhöht, sondern beträchtlich zu mindern vermag.

Die liebevolle, verantwortungsbewusste Familie mit einer intensiven Erstbindung des Kindes an die leibliche Mutter hat sich damit mitten im zwanzigsten Jahrhundert, gerade auch durch das Scheitern des familienfeindlichen atheistischen Kommunismus als eine wesentliche Voraussetzung zur Glaubensbegnadung erwiesen.

C – Christ sein heisst nah sein

«Ich bin bei Euch alle Tage, bis an der Welt Ende» –, lässt Christus die Jünger vor seiner Himmelfahrt wissen; und bevor er sich gefangen nehmen lässt, wäscht er allen seinen Jüngern, auch dem Judas Iskariot, die Füße. Christus ist der nahe Gott und empfiehlt allen, die in seinem Geist leben und durch ihn ihr Heil suchen, liebevolle, demütige Liebe füreinander, vor allem aber für die, welche uns am nächsten stehen. Für christliche Eltern sind die Kinder ganz ohne Zweifel die Nächsten. Sie zu lieben, heisst – schon ganz und gar in ihren ersten Lebensjahren – in ihrer Nähe zu sein. Leibnahe Nähe der Mutter für ihren Säugling und ihr Kleinkind ist unmittelbare Glaubensvorbereitung.

Täglich treffen bei mir Briefe von ratlosen Müttern ein, die von «Schlafstörungen» ihres Säuglings berichten, die übernächtigt und zerrüttet sind, weil er des Nachts immer wieder aufwacht und schreit, so dass der Kinderarzt ihm bereits Beruhigungstabletten verschrieben hat. Zahllosen Eltern habe ich zu einem Ende ihrer Not durch den einfachen Rat verholfen, ihr Kind mit ins Bett zu nehmen und es anzulegen, wenn es aufwacht. Nach wenigen Wochen schon sucht sich das Kind selbst die Brust, ohne dass dadurch der Schlaf der Mutter gestört wird.

Dieses ist zwar nicht in allen Fällen nötig – andere Säuglinge lassen sich von Anbeginn an in Wiege oder Wagen ablegen – aber es dient der Verhinderung einer Lebensverzweiflung als Charakterzug, wenn hier vorsorglich Nähe praktiziert wird. Viele Menschen heute, deren «Weinen des Verlassenseins» oft auf dem Boden falscher Ratschläge aus Prinzip überhört wurde, haben in ihrer Seele die Vorstellung, nichts zu sein und nichts zu können, sondern vielmehr absolut liebensunwert zu sein. Und das ist eine gefährlich unzureichende Glaubensvorbereitung! Selbst wenn sie bemühte Eltern haben, schlägt die freudige Gewissheit: «Ja, ich werde geliebt», «ja, ich bin liebenswert», nicht durch, so dass sich später Liebeskraft, Dankbarkeit und Gottvertrauen nicht einstellen können. In ihr noch unreifes Gehirn wurde mit einem tiefen Stempel die Erfahrung eingeprägt: «Du bist allein, du bekommst nicht das, was du brauchst, du bist es nicht wert!»

Eine solche Prägung des Grundgefühls herrscht heute in vielen jungen Erwachsenen vor, weil man ihnen, als sie noch Säuglinge waren, die ihnen unverzichtbare Nähe ihrer Mütter vorenthielt – meist aufgrund der falschen, uneinfühlsamen Pflegeanweisung an ihre Mütter, die Säuglinge schreien zu lassen, wenn sie sich zur Unzeit melden.

Unser christlicher Glaube – und das heisst der Weg zur Wahrheit – empfiehlt uns in der Nachfolge zunächst eine betont leibnahe Liebe. Deshalb ist die Mutter Gottes mit dem Kind auf dem Arm das häufigste Motiv der Künstler des christlichen Abendlandes. Diese Form der Pflege wird nachdrücklich nahegelegt! Und wie sinnvoll ist es, dieser Anweisung, die der mütterlichen Natur ohnehin entgegenkommt, zu folgen.

Schließlich ist in diesem Jahrhundert ganz einsichtig geworden, dass man das Kind, das man zum ersten Mal durch technische Erfindungen und größere Wohnungen in eine frühe Entfernung von der leibnahen Nähe der Mutter nötigte, seelisch gefährdet.

Nie je gab es so viele süchtig suchende, habgierige, neidische, traurige, unzufriedene, das heisst neurotisch depressive Menschen, seit man an dieser so lebenswichtigen Weiche meinte, die Stimme der Natur und Gottes überhören zu dürfen!

Die modische Angst, durch zuviel Nähe im ersten Lebensjahr die Kinder zu verwöhnen und dadurch eine zu enge Bindung an die Mütter hervorzurufen, ist unbegründet; denn die Kinder entwinden sich der beschützenden Arme in naturgesetzlichen Prozessen. Diese beginnen bereits nach einem Jahr, nachdem sie sich auf die Beine gestellt haben.

Aber bis weit in die Pubertät hinein braucht der werdende Mensch die elterliche Präsenz wie einen Hafen, der unverrückbar vorhanden ist. In der Kleinkinderzeit sollte das noch ganz direkt der Fall sein, wenn das Kind in der unmittelbaren Nähe der Mutter seine Einübungen in seine Welt vollzieht und all seinen kleinen Eroberungen nachgeht. Geistige Entwicklung geht auf diese Weise wesentlich schneller und fundamentaler vor sich, so lässt sich am Vergleich feststellen, als wenn man die Kinder früh einer häufig wechselnden Betreuung aussetzt. Durch familiäre Betreuung sind die Kinder weniger beunruhigt, und das gibt ihnen mehr Möglichkeiten, erfolgreicher und rascher Entwicklungsschritte zu vollziehen.

Aber vor allem – und das ist für die Glaubensvorbereitung von größtem Wert – sollte das Kind erleben, wie das ist: Geachtet, weil beachtet, beschützt, weil vorgewarnt, bei Schmerz getröstet und in Kälte und Dunkelheit gewärmt zu werden. Alle diese Erlebnisse in vielfältigster Art und Zahl geben durch die Unermüdlichkeit und Beständigkeit der Erziehenden die Voraussetzung für ein glückliches Leben mit einem darauf aufbauenden Gottvertrauen: «Ja, ich bin geliebt, hier, heute und alle Tage – bis an der Welt Ende!» Dieses Wissen, das den Müttern des 20. Jahrhunderts zunehmend mehr geradezu ausgetrieben wurde, wird von der modernen Hirnforschung nachdrücklich untermauert.

Der Garant für das Wachsen einer solchen Einstellung im Kleinkindalter muss nicht die leibliche Mutter sein, es kann auch durch eine andere Person geschehen; aber sie muss nahe sein, und sie muss dem Kind in der Bereitschaft zu liebevoller Aufmerksamkeit innerlich zugewandt sein, das heisst: Sie muss eine mächtige Portion an warmer Herzensliebe für das Kind bereithalten. Als Ersatz für diese so wichtige Phase der Glaubensvorbereitung im Kleinkindalter eignen sich also keine häufig wechselnden professionellen Helfer in großen Gruppen; das heisst Kinderkrippen und Ganztagskindergärten sind als Glaubensvorbereitung für Kleinkinder wenig geeignet; eher leisten hier das SOS-Kinderdorf, die ständig anwesende Großmutter, Tante, oder auch der Vater einen kinderpsychologisch möglichen wertvollen Ersatz.

Freilich darf nicht vergessen werden, dass eine leibliche Mutter (vermutlich durch ihre hormonelle Ausstattung) den Anspruch des Kindes an seelischer Einfühlung, Wachsamkeit und Herzensnähe in der Regel am besten zu erfüllen vermag. Ein christliches Ehepaar sollte diese Gegebenheiten in tiefer Verantwortlichkeit bedenken.

Solange seine Kinder im Vorschulalter sind, bildet eine ganztägige Berufstätigkeit der jungen Mutter doch eine Einbuße an Nähe und eine Schwächung an späterer Lebenskraft, und das heisst gleichzeitig eine Minderung an Glaubensvorbereitung für die Sprösslinge. Unabwendbare Notwendigkeiten – zum Beispiel der Ausfall der Mutter durch Krankheit oder Tod, gelegentlich auch die Unverzichtbarkeit auf eine Geldquelle für den Lebensunterhalt durch ihre Berufstätigkeit, mögen zum Suchen nach einem Muttterersatz bei der Kinderbetreuung nötigen; aber ohne Not sollte ein christliches Elternpaar auf die ständige Nähe mit ihren Kindern im Vorschulalter nicht verzichten. Ein guter christlicher Kindergarten mit kleinen Gruppen, zur Vorbereitung für die Einordnung ins Schullleben, ein bis zwei Jahre vor der Einschulung ist angebracht und gibt der Mutter, falls keine kleinen Kinder mehr im Haus sind, die Möglichkeit, dann auch wieder einige Stunden ausser Haus zu verbringen; aber die Nähe der Mutter für ihre Kleinkinder in einem umgrenzten Rahmen sollte von Christen als unverzichtbar angestrebt werden.

Das bedeutet gewiss für Menschen der Moderne ein Schwimmen gegen den Strom der Zeit. Das bedeutet, mit fröhlicher Souveränität dem Trend entgegenzustehen. Es zwingt vielleicht auch zur Sparsamkeit, gelegentlich bis zur Kargheit der Haushaltsführung, wie auch zunächst zu manchem Verzicht auf teure Urlaubsreisen; aber es zahlt sich langfristig gewiss aus, weil unser dankbarer Gott Entschlüsse zu schwerem Lieben mit Segen zu belohnen pflegt.

Das bisher Gesagte würde einen falschen Eindruck vermitteln, wenn man den Schluss zöge: Die Mutter allein hätte den Auftrag der Nähe für ihre Kinder zu erfüllen. Gewiss braucht das Kind vor allem auch die Nähe des Vaters, zumindest in den Zeiten, in denen er in der Familie anwesend sein kann. Besonders seit die Familie zur Kleinfamilie geworden ist, das heisst selten nur noch weitere Verwandte im Verbund der Familie leben, ist das Einspringen des Vaters immer wichtiger geworden. Die Kinder brauchen auch die liebevolle Aufmerksamkeit des Vaters bei ihrem Werdegang. Viel zu einseitig liegt hier das Gewicht der Erziehung immer noch auf Ordnung und Leistung allein, statt den Kindern als erstes einmal Aufgeschlossenheit für ihre Seele zukommen zu lassen.

Grundsätzlich gilt schließlich: Wie man in den Wald hineinruft, so schallt es heraus. Wir können durch Unangemessenheiten die Aussicht vermindern, dass unsere Kinder im Erwachsenenalter für die Nächsten und für die Zeichen, Empfehlungen und Bitten des so leisen Gottes hinter unseren Erdentüren aufgeschlossen werden. Sinn für die Nähe unseres Gottes entwickelt der Heranwachsende nur durch die Erfahrung getreuer, beständiger Nähe seiner Eltern.

Dieses Nahsein schließt eigene häusliche Tätigkeiten und andere mehr oder weniger mechanische, routinierte Arbeiten im Umfeld der Kinder keineswegs aus; aber es bedeutet auch, dass zwischenzeitlich, beim abendlichen Insbettgehen, in Zeiten der Krankheit, an Wochenenden, oder auch für eine kleine Weile im Alltag die Eltern sich Zeit nur für ihr Kind, bzw. immer einmal wieder Zeit für eines ihrer Kinder allein nehmen, Zeit zum Kuscheln, Zeit um nur eine Weile in Mutters oder Vaters Armen zu ruhen und zu verweilen, Zeit, um etwas anzuregen, vorzulesen und mitzuspielen; Zeit für vertrauensvolle Zwiesprache, für den Austausch von Gefühlen, von Problemen, Zeit zum Beraten bei Entscheidungen, um so mehr je älter die Kinder werden, und immer sollte es bei all diesem Dazwischen-Sein (= Interesse) primär um ein Beobachten, ein Horchen, ein Einfühlen, mehr um ein Beistehen handeln als um ein Eingreifen, Bestimmen und Befehlen.

Gewiss kann auch das einmal situationsbedingt nötig sein; aber als Glaubensvorbereitung dient mehr ein Stil, der dem Stil unseres Gottes dem Menschen gegenüber entspricht: eher einem freilassenden Lauschen, einem aufmerksamen, hilfsbereiten Begleiten, einer geduldigen Langmut. Unser Kind hat mehr Chancen, später diese Eigenschaft unseres Gottes zu erspüren, wenn Eltern dies alles zu einem Primat ihrer Erziehung gemacht haben. Haben Kinder ihre Eltern so als Mithorchende, ja gelegentlich sogar als alarmiert-Aufhorchende im Umgang mit ihnen erlebt, so wird auch diese so wichtige Eigenschaft als Vorbereitung für die geistliche Beziehung vorgeprägt.

Sie werden so selbst zu Horchenden, denen freiwilliges Gehorchen leichter fällt, weil dieses Verhalten durch das ihrer Eltern auf dem Boden der Liebe zu ihren Kindern wuchs. Gewaltsam erzwungener Gehorsam erzieht hingegen zum Meutern – später keineswegs gegen den so handelnden irdischen Vater allein, sondern auch (dann zwar zum eigenen Schaden) gegen den himmlischen Vater.

D – Dankbarkeit will gelernt sein

Ob ein Mensch ein Christ ist, lässt sich an einem einfachen Kriterium ausmachen: Er kennt das Gefühl einer freudigen, ja, gelegentlich sogar überströmenden Dankbarkeit, nicht etwa nur für ein konkretes Geschenk. Dieses Gespür fließt aus einer tiefen, oft keineswegs schon gedachten, sondern vornehmlich empfundenen Wahrheit: Der Freude über das Geschenk des eigenen Lebens. Diese Art der Freude bedeutet Erkenntnis des Erschaffenseins in Liebe und bewirkt liebevolle Dankbarkeit für den Vater Gott.

Wie bewirken Eltern, dass Empfindungen dieser Art in den Kindern wachsen? Gewiss, indem sie die zur bewussten Erkenntnis gewordene Dankbarkeit gegen ihren Schöpfer erst einmal selbst pflegen, indem sie voller Dankbarkeit das Glück, Kinder zu haben und ihr Gedeihen und Wachsen zu begleiten, als Geschenk erleben, indem sie im Nachtgebet danken für Unversehrtheit, danken für überstandene Krankheit oder eine ohne Unfälle verlaufene Autofahrt, indem sie selbst auch die kleinen Dinge nicht für selbstverständlich nehmen: Weder den ersten Zahn noch die ersten Schritte, weder die abgeschlossene Grundschule noch das kräftige Längenwachstum jenseits der Zehnjährigkeit bei ihren Kindern.

Nach oben gerichtete Dankbarkeit der Eltern schlägt sich als ein Gefühl von Angenommen- und Geliebtsein auf die Kinder nieder. Und aus dieser Stimmung entsteht eben jenes Gefühl der Fülle, des vollen Herzens, aus dem Schenkbereitschaft, und das heisst die Möglichkeit zur Rückgabe, zur Dankbarkeit als einem natürlichen Bedürfnis quillt. Aber auch diese Vorgänge brauchen Einübungszeit im Irdischen, ehe sie im Himmlischen gelten können. Liebevoll nahe und strukturell dankbare Eltern erleben das sehr bald schon an ihren kleinen Kindern: Dass sie die Liebe zurückgeben. Ältere Säuglinge streicheln die Brust ihrer Mütter, wenn sie trinken. Sie erwidern die Küsschen, und sie sagen, wenn sie erst das Sprechen gelernt haben: «Mama, Papa ich habe dich lieb!» Und bald folgt dann auch die Phase der kleinen Geschenke: Die hingehaltenen Blumen, das gemalte Bild, das erste Liebes- und Dankgedicht zum Geburtstag, zu Weihnachten und zum Muttertag.

Die so freiwillig zum Ausdruck gebrachte Dankbarkeit der Kinder ist ein besseres Zeichen für eine gelingende Erziehung als lauter Superzensuren vom 3. Schuljahr ab! Freiwillig schenkende Kinder zeigen, dass sie im Begriff sind, in die gefühlsmäßige Voraussetzung zum Glauben hineinzuwachsen. Es hat in ihre Empfindungen eindringen können, ohne irgendwelche Vorbehalte geliebt und angenommen zu sein. Das macht das Grundwesen von Lebensfreude und von Lebensfähigkeit aus.

«Wer als Liebender durchs Leben geht, ein Dankender für alles ist er», hat Christian Morgenstern gereimt. Das heisst: Der so lebende Mensch empfindet Liebe für die Schöpfung und ihre Geschöpfe. Kinder, die so erzogen wurden, können schon vom Jugendalter an zum Beispiel dem Buchfinken dankbar sein, weil er aus voller Kehle singt, der Blume dafür, dass sie blüht und duftet, dem Menschen in der Familie dafür, dass sie da sind, der Verkäuferin, dem Postboten dafür, dass sie, wenn möglich auch noch freundlich, ihren Dienst tun. Undank, so hat das Genie Goethe – neue entwicklungspsychologische Forschung vorwegnehmend – bereits gewusst, «ist immer eine Art Schwäche», und er fährt fort: «Ich habe nie gesehen, dass tüchtige Menschen wären undankbar gewesen.» Das Unvermögen, Geschenke mit Liebe und Gegenliebe zu beantworten, beruht, wie wir heute wissen, im Erwachsenenalter meist auf einem Egoismus, der Uneinfühlbarkeit, Rücksichtslosigkeit, oft sogar Unzuverlässigkeit und Bequemlichkeit enthält.

Eine solche Haltung hat dann meistens auch Untüchtigkeit, nämlich eine unzureichende Arbeitsfähigkeit zur Folge. Der undankbare Egoismus des Erwachsenen ist Kennzeichen einer seelischen Armut, eines Mangels, der, statt zu geben und sich schenkfreudig zu verschwenden, zu nehmen und zu haben sucht. Riesenansprüche, Raffgier, ungeduldige Unersättlichkeit gehören in sein Gefolge.

Solche Undank-Haltung im Erwachsenenalter ist, so kann der Nachdenkliche erkennen, ein Entwicklungsrückstand, ein Merkmal von Unreife; denn dem seelisch Kräftigen, zur Dankbarkeit Vorbereiteten, wächst mit dem Eintritt ins Erwachsenenalter dann ein Bedürfnis zu, das abermals Goethe mit den Worten kennzeichnete: «Sich einem Höheren, Reineren, Unbekannten aus Dankbarkeit freiwillig hinzugeben.» Damit eröffnet sich dem jungen Menschen jenseits des Ablösungs- und Werdeprozesses der Pubertät eine größere Empfangsmöglichkeit für Erhabenes: für die Natur, für Musik, für Dichtung, für ferne Völker und ihre Nöte. Es vollzieht sich bei seelisch Gesunden eine Erweiterung der Dankbarkeitsgefühle über das nahe Umfeld und ihre Personen hinaus und damit letztlich auf Gott zu.

Der Altmeister der Pädagogik Heinrich Pestalozzi hat diesen entwicklungspsychologischen Vorgang bereits treffend intuitiv gekennzeichnet: «Wie kommt es, dass ich an

Gott glaube, dass ich mich in seine Arme werfe, dass ich mich selig fühle, dass ich ihn liebe, wenn ich ihm vertraue, ihm danke, wenn ich ihm folge? Das sehe ich bald. Die Gefühle der Liebe, des Vertrauens, des Dankens, die Fertigkeit des Gehorsams müssen in mir entwickelt sein, ehe ich sie auf Gott anwenden kann. Ich muss Menschen lieben, Menschen trauen, ich muss Menschen danken, ich muss Menschen gehorsamen, ehe ich mich dazu erheben kann, Gott zu lieben, Gott zu vertrauen und Gott zu gehorsamen.

Ich frage mich: Wie kommen Gefühle, auf denen Menschenliebe, Menschendank, Menschengehorsam wesentlich ruhn... in meine Natur? Ich finde, dass sie hauptsächlich von dem Verhältnis ausgehen, das zwischen dem unmündigen Kinde und seiner Mutter statthat.»

Fazit: Dankbarkeit ist eine Reaktion auf die Erfahrung vorbehaltlos geschenkter Liebe. Sie ist die uns allen eingegebene Himmelsgabe, die freilich der Erweckung durch liebevolle Erzieher – zunächst auf der emotionalen, triebhaften Ebene – durch das Vorbild und durch bewusstmachenden Unterricht in Schule und Kirche bedarf. Der Sinn solcher Bemühungen ist evident: Er bedeutet Glück durch das Hinwenden zur eigentlichen Bestimmung des Menschen. Das bedeutet damit aber auch Kultivierung des einzelnen wie derjenigen Gesellschaft, in der eine solche Erziehung gelingt.

Gottes Liebe in den jungen Menschen zur Entfaltung zu bringen, ist deshalb der allerwichtigste, der verantwortungsschwere Auftrag an die Pflegenden und Erziehenden: die Eltern, die Lehrer, die Pfarrer, damit die Krone der Schöpfung wirklich zu dem kultiviert-liebevollen und dankbaren Wesen werden kann, als das Gott es gedacht hat. Eines aber vor allem hat uns die bedenklich negative Erfahrung mit den so vielen verelendeten Menschen der Neuzeit in den Industrienationen erbracht: Der Weg zur tiefen, dankbaren Geborgenheit in Gott lässt sich zwar bei besonders begnadeten Menschen trotz aller negativer Erfahrungen und Defizite in ihrer Kindheit unter Umständen auch noch im Erwachsenenalter mit einem Sprung erreichen; aber das ist insgesamt doch selten der Fall und dann immer ein Wunder.

So wie der inkarnierte Gott sich nicht scheute, alle vitalen Vorstufen zu durchschreiten, ehe im Wunder der Auferstehung seine Göttlichkeit voll offenbar wurde, so ist jeder Mensch zunächst auf die kreatürlich umfangende Liebeserfahrung und auf Vorbilder angewiesen. Die Lebenshaltung Dankbarkeit statt Undankbarkeit, Bindungsfähigkeit statt Bindungslosigkeit, vertrauensvolle Offenheit statt misstrauischer Verschlossenheit, Schenkfreudigkeit statt Habgier, Liebe statt Hass liegen vermutlich in jedem Menschen mit einem gesunden Gehirn parat, wenn er geboren wird.

Aber das bedarf der Entfaltung durch die kreatürlichgekonnte, vorbehaltlos geschenkte Liebe der Nächsten. Und dieses genau macht ihre unaufgebbare Bedeutung aus: Sie sind am Lebensanfang die kreatürlichen Erwecker und Bewahrer des dem Menschen von Gott eingegebenen Schatzes: Der Befähigung zur Liebe und zur Dankbarkeit, ja schließlich, bei glücklichem Lebensverlauf der bewussten Rückbindung an Ihn.

«Vater, mein bin ich, wenn ich dein bin», sagt Papst Johannes Paul II. in seinem Werk «Strahlung der Vaterschaft». «Nur wenn ich danke, bin ich.»

E – Ehe heilig zu halten, lässt Kinder gedeihen

In den vergangenen Jahren ist es immer häufiger geworden, dass einer der Eheleute im Sprechzimmer klagt: «Ich kann meinen Partner, meine Partnerin nicht mehr aushalten. Ich will mich von ihm (von ihr) trennen.»

Bei Befragungen ergibt sich freilich oft, dass nicht schwere Eheunfähigkeit die Ursache dieses Impulses ist, sondern eine ganz gewöhnliche Ehekrise. Die Eheleute haben nun auch ihre Schwächen kennen und sehen gelernt. Kleine Bequemlichkeiten und Rücksichtslosigkeiten sind eingerissen, gegenseitige Vorwürfe haben die Stimmung verschlechtert und zu manchen unguten Reaktionen geführt, zum Ausweichen in Abwesenheiten, zu Wutanfällen und Vorenthaltungen.

Ich pflege, nachdem ich mir die Klagen angehört habe, regelmäßig nach ihren Kindern und deren Alter zu fragen. Sind diese zwischen 0 und 18 Jahre alt, so gebe ich dem Klagenden zu bedenken, dass er keinerlei Möglichkeiten habe, sich von seinem Partner zu trennen; denn selbst, wenn er auszöge und den Wohnort wechsele, selbst, wenn er sich mit einem anderen Partner verbinden würde, bleibe per Gesetz beiden die Sorge für die gemeinsamen Kinder auferlegt – wie auch immer im einzelnen die sogenannte Besuchs- und Sorgerechtsregelung aussehen möge.

Es ist wissenschaftlich durch eine Großuntersuchung in den USA mittlerweile erwiesen: Die Kinder werden durch die Nestzerstörung meistens zu Leidenden, selbst wenn man sich vornimmt, sie so wenig wie möglich zu belasten. Das Glück, mit Kindern beschenkt worden zu sein, ist wirklich ein Auftrag, der das Paar lebenslänglich bindet. Noch im Erwachsenenalter leiden die Nachkommen, wenn Eltern sich scheiden ließen; und sie halten die eigene Ehe dann auch weniger gut durch.

Die Tatsache, dass in der Bundesrepublik Deutschland jede dritte Ehe, in den neuen Bundesländern sogar jede zweite Ehe, geschieden wird, zeigt, wie wenig die Verantwortung für die gemeinsamen Kinder noch im Zentrum der Entscheidung steht, und erst recht, wie wenig noch im Bewusstsein ist, dass die Tatsache, gemeinsam Kinder zu haben, ein Schöpfungsauftrag von allerhöchster Bedeutsamkeit ist.

Krisen zur Eskalation zu bringen, in der leichtfertigen Vorstellung, dass man sich schließlich trennen könne, wenn einem der Partner unausstehlich geworden sei, missachtet, dass die Aufgabe an den gemeinsamen Kindern in Wahrheit mehr ist, als irgendein x-beliebiges Anstellungsverhältnis. Nein, Familie ist eben eine Lebensaufgabe, übermittelt von Gott Vater selbst, und deshalb pflegt es oft auch als Tragödie zu enden, wenn man dann einfach die Mütze lüftet und sich davonschleicht, womöglich den Partner mit den kleinen Kindern allein zurücklässt, oder sie ihm erbarmungslos entreisst.

Den Gottesauftrag ernstnehmen heisst infolgedessen, alles nur Erdenkliche zu tun, um eine Ehekrise zum Guten zu wenden. Bereits vor der Geburt des ältesten Kindes sollte man sich bewusst machen, dass jetzt die Eheführung noch einer besonderen Sorgfalt bedarf, um das so lebenswichtige, bergende Nest für die Kinder nicht zu gefährden. Die Trends unserer Zeit vermitteln leider kein Bewusstsein darüber, dass für Eltern das Heil der Kinder Vorrang haben muss vor mehr oder weniger auftretenden Animositäten der Eheleute gegeneinander. Und das liegt eben genau hieran: Dass das Bewusstsein für die Heiligkeit des Eheauftrags, Kinder zu gläubigen, gesunden Erwachsenen zu erziehen, abhanden gekommen ist. Stattdessen vermittelt die Bild-Zeitung allmorgendlich millionenfach die Nachricht, wer Prominentes (Vorbildliches!) sich nun wieder von Weib und Kind oder Mann und Kind getrennt hat, als sei das etwas ähnlich Selbstverständliches, wie den Bäcker oder Fleischer zu wechseln. In Talkshows lacht man unisono Leute aus, die bekennen, dass sie aus Treue zu Christus an seiner Anweisung zu lebenslänglicher Ehe festhalten und versieht solche Auffassungen mit dem Stempel: Veraltet, langweilig, reaktionär und starr.

Das sind diabolische Verführungen für Paare, die sich keinen Überblick über die erfahrbare Wahrheit verschafft haben. Diese sagt erstens aus, dass es Kinder aus zerstörten Ehen schwerer haben, zu einer eigenen Lebenserfüllung und zu eigenem Lebensfrieden zu kommen. Und zweitens enthält das so hoch gepriesene Modell zum Glück auf dem Boden einer oder gar mehrerer Scheidungen bei Licht besehen mehr Unglück als die Ehe eines Paares, das sich im Wissen darüber, was auf dem Spiel steht, durch seine Krisen durchgebissen hat. Ja, die Erfahrung lehrt, dass gläubige Eheleute, die im Bewusstsein der modischen Gefahren an ihren Auftrag herangehen, sich viel eher schwerer Zerreissproben von vornherein enthalten können.

Bereits das große Pauluswort von der Notwendigkeit der gegenseitigen Liebe des Paares füreinander, beinhaltet schließlich, dass von vornherein auch der Splitter im Auge des Gefährten mitgeheiratet wird und man versuchen sollte, dem anderen so wenig «Balken» wie möglich zuzumuten.

Sehr übel wirken sich hier heute die ständigen Schuldzuweisungen der Feministinnen an die Männer aus. Das kommt einem Aufhetzen der Ehefrauen gleich. Einander lieben heisst aber zu versuchen, einander zu verstehen – auch wenn der eine dem anderen aus Überlastung und Stress gelegentlich unangemessen begegnet. Zu einer christlichen Ehe gehört es, für solche Verhaltensfehler seinen Partner um Entschuldigung zu bitten, gegenseitig Entschuldigungen anzunehmen und den Versuch zu machen, aus den Fehlern zu lernen. Es gibt keine intensivere Möglichkeit zu Fortschritten in der Selbsterziehung, als das aufbauende, liebevolle Miteinander eines christlichen Ehepaares im Dienst des elementarsten aller Schöpfungsaufträge: Der Vorbereitung von Kindern für ihren Lebensdienst in Gottes Schöpfung.

Diese Aufgabe bewusst gemeinsam auf sich zu nehmen und unter Verzicht auf gegenseitige Machtansprüche ihr lebenslänglich treu zu bleiben, verheisst unendlich mehr Lebenserfüllung und Freude an gedeihenden Kindern als das liberalistische Modell unseres Zeitgeistes, das sich zwar für progressiv hält, aber wenig wahren Fortschritt zustande gebracht hat. Vor allem hat diese Verhaltensform einmal mehr konkret deutlich werden lassen, dass es grundsätzlich nichts taugt, wenn der Mensch sich und seine momentanen Bedürfnisse zum alleinigen Maß seines Handelns macht. Mit Recht – so zeigt gerade die verheerende Bilanz der erleichterten Ehescheidung – hat die katholische Kirche die Ehe auf dem Boden des Christuswortes über die Unscheidbarkeit zu einem Sakrament erhoben. Die Experimente in der zweiten Hälfte des

20. Jahrhunderts haben erwiesen, wie wenig das Ehesakrament nur eine veraltete Norm ist. In Wahrheit ist es eine liebevolle Schutzmaßnahme unseres Gottes und seiner Kirche für den immer zur Maßlosigkeit und Eigenwilligkeit verführbaren Sünder Mensch.

Wenn wir als christliche Erzieher Ehe verstehen als ein kostbares, zerbrechliches Gefäß für das seelisch-geistig gesunde Wachstum der Kinder, so vermeiden wir auch, damit in leichtfertiger Holzhammermanier umzugehen. Gegenseitiges Herabsetzen, Nörgeln, Fordern und Vorwürfe-machen – das sind gefährliche Lieblosigkeiten. Bewusstsein über den hohen Wert der großen Gemeinsamkeit kann helfen, dass die Ehe von wachsamer Güte, Großzügigkeit und gegenseitiger immer wieder ausgesprochener Anerkennung getragen wird. Das ist das wichtigste Lebenselixier der Glaubensvorbereitung für die Kinder!

(Viele Anregungen dazu finden sich in meinen Büchern «Ehe-Alphabet» im Christiana-Verlag und «Ich will mich ändern» im Hänssler-Verlag).

F – Familie einbeziehen

Das Bestreben, die Familie im Zuge einer sogenannten «fortschrittlichen» Planung abzuschaffen, ist in den vergangenen Jahren mit einer Fülle von Maßnahmen zu verwirklichen versucht worden. Modelle zur Sozialisation des Kleinkindes durch seine Kollektivierung haben es sich zum Ziel gemacht, die Frau von der misslichen «Rolle» leiblicher Mutterschaft zu befreien und in die Phalanx jederzeit austauschbarer Bezugspersonen zurücktreten zu lassen. Der Trend wusste zu behaupten, dass das gut und wünschenswert sei, denn viele der befragten Mütter, die ihre Babies bei Tagesmüttern abgäben, hätten von vorneherein eine ungute Beziehung zu ihren Sprösslingen. Die Ersatzmütter schafften es mit ihnen viel gelassener, so ließ es sich sogar in einem von Heiner Geißler als Familienminister abgesegneten Abschlussbericht lesen.

Aber wir können gewiss sein: Wenn wir uns mehrheitlich auf diese Veränderungsvorschläge einließen, hätten wir bald keine Zukunft mehr; denn es ist nicht wahr, dass Mutterschaft lediglich eine «Rolle» ist, die sich wie das Kleid eines Schauspielers am Garderobenhaken ablegen und einer anderen, jederzeit austauschbaren Bezugsperson überstülpen lässt! Es ist auch nicht wahr, dass die Familie erst im Mittelalter entstanden ist. «Die Familie ist vielmehr so alt wie die menschliche Kultur» (P. Streithofen), ja sie existierte bereits, als der Mensch fähig wurde, sein Leben für die Nachwelt zu dokumentieren; die Kernform, den Gruppenverband einer Mutter mit Kindern, gibt es sogar bei den hochentwickelten Säugetieren. Und an ihnen hat man experimentell nachgewiesen, was man im Bereich der Psychopathologie des Menschen aufgrund der Beobachtung von Einzelschicksalen längst wusste: Die Herauslösung des Sprösslings aus der engen personalen Betreuung durch die Mutter, bzw. die Eltern ist ein risikoreiches Unternehmen. Dagegen sind personale Beständigkeit und liebevolle Treue durch die Kindheit hindurch eine Voraussetzung für das seelische Gedeihen der jungen Generation.

Warum muss der Christ von solchen familienfeindlichen Trends alarmiert sein und ihnen Widerstand entgegensetzen? Weil die Gefahren für die Zukunft, die eintreten, wenn Mütter und Väter nicht mehr für ihre eigenen Kinder verantwortlich zeichnen, mit dem Ungehorsam gegen Gott, mit dem Ausufern von Egoismus identisch sind. Biblische Wahrheit stimmt interessanterweise mit den Erfahrungen unideologisierter Wissenschaften überein, und zwar durchgängig. Die Notwendigkeit von Liebe, Treue und personaler Verantwortung als Grundthese des christlichen Menschenbildes bestätigt sich voll in den modernen Forschungsergebnissen über die Bedeutsamkeit der Familie. (B. Schnyder, Hrsg.: «La Famille – un Défi Face de l'Avenir», Universitätsverlag Fribourg 1982, Greenspan.)

In der Familie manifestiert sich ein Auftrag Gottes. Psychologische Forschungen und christliches Menschenbild haben sich in jüngster Zeit hier geradezu als deckungsgleich erwiesen.

Nach christlicher Vorstellung ist der Mensch auf eine personale Liebesbeziehung zu seinem Gott, seinem Vater, hin angelegt. Über Jesus Christus hat er die Möglichkeit bekommen, diese Beziehung zu verwirklichen. Er kann sich durch dessen Leben, seine Lehre und sein Sterben als ein von seinem Vater geliebtes Kind erleben, das auf dem Boden dieser Erkenntnis mit bewusster Gegenliebe antwortet. Dadurch wird eine innige und krafterfüllte Liebesbeziehung möglich, die den Menschen befähigt, diese Liebe an seine Mitmenschen weiterzugeben. Die Kraft, die durch diese Liebesbeziehung gewonnen wird, macht es ihm möglich, seinen «natürlichen» Menschen – den vitalen Egoismus – in zunehmendem Maß zu überwinden und von innen her im Geist Christi zu einer unverkrampften Opfer- und Vergebungsbereitschaft zu kommen. Auf diese Weise wird der Mensch durch den Geist der Liebe aus materialistischer Gefangenschaft befreit, so dass er seinen Egoismus immer häufiger besiegen kann.

Die besten Voraussetzungen, um zu einer solchen Lebenserfüllung zu gelangen, bietet die Familie. Sie ist eine besonders gute Basis für den Weg, der zur Lebenserfüllung führt. Sie ist eine Chance, das mit dem Menschen unvergänglich Gewollte zu erfüllen: durch seine freiwillige Mitarbeit an der Schöpfung den Sieg der Liebe zu erwirken. Der Weg zum Glücklichsein, zur Lebenserfüllung durch Liebe und Arbeit, ist ohne die Bereitschaft der Eltern für ihr Kind kaum gangbar. Das Opfer der Eltern ist Voraussetzung zur Opferbereitschaft der Kinder, und mit ihrer Hilfe kann der Mensch geistig höhere Entwicklungsstufen erreichen. Denn wer nicht aus Liebe verzichten kann, freiwillig um des Geliebten anderen willen, hat keine Chance zur Sozialisierung und Überwindung egozentrischer Bedürfnisse.

Solche Erfahrungen der Kinder im Nest der Familie schaffen also eine große Erleichterung zu der Fähigkeit, später zwischenmenschliche Beziehungen eingehen und erhalten zu können und zu Gott zu finden. Denn die Verbindung zwischen Gott und Mensch wird gleichnishaft und vorbereitend in der Familie eingeübt. Das Verhalten der

Eltern durch die gesamte Kindheit ihrer Kinder hindurch hat den allergrößten Einfluss auf ihr späteres Gottesbild. Ob die mütterlichen Züge Gottes erlebbar wurden, wie er sie uns in Jesaja 66,12 zugesprochen hat: «Ihr sollt auf den Armen getragen werden, und auf den Knien wird man euch freundlich halten – ich will euch trösten, wie einen seine Mutter tröstet», das hängt weitgehend davon ab, ob man in einer Familiengruppe groß wurde, in der sich die Angehörigen so verhielten.

Wie sich das Bild von Gott-Vater färbt, hat seine Vorgeschichte im Verhalten des leiblichen Vaters. Weil diese Frage so fundamental wichtig ist, soll sie unter dem Buchstaben V in diesem Buch mit einem eigenen Kapitel bedacht werden.

Aber auch die Geschwister können in einer gesunden Familie den Glauben, vor allem die Befähigung zur Glaubensgemeinschaft vorbereiten. Über die erlernte Zusammengehörigkeit und den als positiv erlebten Zusammenhalt hinaus übt sich in der Familie auf natürliche Weise das Verständnis für Hierarchie vor. Die Jüngeren schauen auf die ihnen Vorgeborenen. Sie ahmen vor allem weitgehend und vorrangig das ihnen nächstältere Kind nach.

So, wie das Kind in einer größeren Geschwisterschar gelernt hat, sich einzufügen, am Vorbild der kleinen oder auch großen Vormacher zu wachsen, so ist das später auch im kirchlichen Leben möglich, wenn eine Elterninstanz vorhanden war, die der Familie ebenso großzügig wie zusammenhaltend und ordnend vorstand. Die Tendenz unserer Zeit, Hierarchie abzulehnen, weil man ihren Sinn nicht mehr versteht, und sie deshalb durch eine Angleichung Ungleicher zu ersetzen, findet durch die intakte

Familie natürliche Gegenargumente; denn in der Familie zeigt sich, dass Hierarchie unser natürliches Wachstums- und Ordnungssystem ist.

Von dem zu lernen, der mit einem Entwicklungs- und Entfaltungsvorsprung, der mit mehr Wissen, mehr Pflichten (und deshalb natürlich auch mit einigen Rechten mehr) vorangeht, bedeutet Klugheit. Deshalb haben die Jüngeren oft auch Entfaltungsvorsprünge vor den Älteren und nachgewiesenermaßen Familienkinder vor solchen, die kollektiv mit Gleichaltrigen erzogen wurden.

Vorlernen von Gemeinschaftsgefühlen für Brüder und Schwestern in Christo bedeutet auch der Zusammenhalt im Familienclan. Das Erleben, dass die Erwachsenen einer Sippe füreinander einstehen, dass sie gegenseitig in Zeiten der Not füreinander einspringen, sich gegenseitig beraten und aus- und aufhelfen, ist ein wichtiges Merkmal christlicher Erziehung und eine Voraussetzung dafür, dass verbale Glaubensinformation greifen kann.

Deshalb ist es auch so sinnvoll, dass der Clan zu den großen familiären christlichen Festen, den Taufen, Firmungen, Konfirmationen, Hochzeiten und Beerdigungen zusammenkommt, dass auch Vettern und Cousinen, Onkel, Tanten und Paten miteinander bekannt werden, und durch die Gestaltung der Feste auch verstehen lernen, dass hier mehr gemeint ist, als eine Schenk- und Kuchenschlacht, sondern dass sich die gesamte Familie als eine kleine Gemeinde erlebt, die sich vorrangig hierdurch zusammengehörig fühlt.

Wichtige Aufgaben fallen gerade bei solchen Gelegenheiten den Großeltern zu. Das lange Leben der Großeltern ermächtigt sie zu Aussagen über den erfahrenen Segen eines christlich gelebten Lebens. Ein gläubiger

Großvater sollte nicht versäumen, hier den Akzent seiner Tischrede bei Familienfesten zu setzen. Überzeugter Bericht kann so für Kinder und Enkel oft mehr Wirkung haben, als eine allgemein gehaltene Predigt des Pfarrers bei solchen Gelegenheiten. Überhaupt sollte die Prägekraft christlicher Großeltern auf das Glaubensleben der Enkel nicht unterschätzt werden. Berichte um die Glaubensnot im Hitlerreich, über Bewahrungen in Zeiten des Krieges, der Vertreibung, der Nachkriegszeit, das Teilnehmen von Enkeln am Gebetsleben und den Kirchgängen der Großeltern kann für die Heranwachsenden eine Saat sein, die einst zu guter Frucht aufgeht.

Wir lesen in unserer Familie zum Beispiel allen Enkeln von ihrem neunten Geburtstag ab einen dem jeweiligen Alter entsprechenden Geburtstagsbrief an sie vor, der die anstehenden Probleme ins Auge fasst und eine Orientierung am Glauben zum Ziel hat. Wir haben bisher immer einen sehr aufmerksamen Zuhörer im jeweiligen Geburtstagskind erleben dürfen. Es ist auch sehr empfehlenswert, an einem solchen feierlichen Geburtstagsmorgen ein Segensgebet für das kommende Lebensjahr gemeinsam zu beten, bevor es ans Auspacken der Geschenke geht, die in christlichen Häusern vor allem als Symbolgeschenke der Liebe des Lebensschenkers Gott verstanden sein wollen.

G – Gebete – Lebensbrot der Christen

Bisher hat in diesem ABC einer christlichen Erziehung viel von den gefühlsmäßigen Voraussetzungen zum Glaubensleben, die durch das Verhalten der Eltern aufgebaut sein wollen, die Rede sein müssen. Jetzt endlich kann davon gesprochen werden, dass sie allein noch nicht ausreichen, um Kindern eine vom Christentum getragene Erziehung angedeihen zu lassen.

Unser Gott, der uns durch Jesus Christus auch direkt mit geistlicher Anweisung angesprochen hat, erwartet mehr von christlichen Eltern als ein gottgehorsames Einfügen in seine Schöpfungsordnung. Nicht nur durch das Gefühl allein – auch mit seiner wachsenden Erkenntnisfähigkeit sollte das Kind im christlichen Elternhaus zum Glauben geleitet werden.

Die erste und höchste Möglichkeit dazu besteht in einer selbstverständlichen Gebetspraxis. Einjährige Kinder schon falten mit Begeisterung ihre Hände, wenn sie die Familienmitglieder vor Tisch beten sehen und hören. Es bedarf dazu nicht einmal einer Aufforderung.

Durch das Hineinwachsen ins Gebetsleben sind für kleine Kinder kurze, immer gleiche Gebete am wirksamsten. Sehr bewährt hat sich zum Beispiel ein schlichtes, auch schon von Kleinkindern nachvollziehbares Tischgebet:

«Jedes Tierlein hat sein Essen,
jedes Blümlein trinkt von Dir,
hast auch unser nicht vergessen,
lieber Gott, wir danken Dir!»

Und auch die Gebete zur Nacht sollten den Vierzeiler nicht überschreiten, sondern kurz, einfach und von schlichtem, schutzgebendem Inhalt sein.

Mit älteren Kindern ist es sinnreich, situationsentsprechend kleine freie Gebetszusätze anzufügen, Dankgebete zum Beispiel, wenn ein Tag ganz besonders schön, wenn ein Ereignis besonders freudenreich war. Auch Gott loben sollten wir mit unseren Kindern, vielleicht auch einmal mit einem Loblied oder einem gesprochenen Psalmvers.

Meines Ermessens ist es von großer Wichtigkeit, immer zuerst und ausführlich das Glück, die Freude, die Gesundheit und all die vielen täglichen Gaben, Gott dankend, ihn preisend an den Anfang und in den Mittelpunkt zu stellen, ehe wir uns mit unseren Kindern bittend Gott zuwenden.

Und auch bei Bittgebeten sollte das Wichtigste an erster Stelle stehen und nicht der Vergessenheit anheim fallen: Mit den älteren Kindern darum zu beten, dass Gott ihnen die Gnade seiner Nähe schenkt, dass sie durch seine Liebe mit Glauben erfüllt werden. Meines Erachtens ist es weder kitschig noch altertümlich, mit jedem einzelnen Kind zur Nacht zu beten:

Mach' den Peter lieb und fromm,
dass einst er in den Himmel komm'!

Ich habe in meiner psychotherapeutischen Praxis in den letzten Jahren in zunehmender Häufigkeit erlebt, dass Kinder im Grundschulalter von dem Erlebnis des Todes in der weiteren Verwandtschaft oder in der Nachbarschaft, also selbst wenn sie unmittelbar gar nicht betroffen waren, so geschockt waren, dass dadurch eine schwere Verhaltensstörung aufbrach. Meines Ermessens hat das sehr viel damit zu tun, dass eine ungläubige Umwelt dem Kind keinen Trost mehr anbieten kann, wenn ihm bewusst wird, dass es selbst, wenn auch erst in ferner Zukunft, auch zum Sterben verurteilt ist. Ich habe andererseits die Erfahrung gemacht, dass das frühe und regelmäßige Bittgebet um den Glauben des Kindes hier einen frühen Schutzwall entstehen lassen kann.

Früh sollten die Kinder auch das frei gesprochene Fürbittgebet kennen lernen: Fürbitte für kranke Personen im Umfeld des Kindes, Fürbitte auch für Menschen, deren Not man vielleicht nur durch die Medien erfahren hat, zum Beispiel bitten dafür, dass die Menschen in den armen Ländern Afrikas und anderen Dritt-Welt-Ländern nicht mehr hungern müssen und dass Gott die Menschen bei diesem oder jenem Unglück mit Kraft und Trost beschenken möge.

Gewiss kann es schließlich auch das Bittgebet für das Kind persönlich geben, mit dem zusammen gebetet wird, und das Kind selbst darf gewiss auch für sich beten: Dass eine Wunde heilt, dass ein Husten besser wird, dass eine Krankheit vorübergeht. Freilich ist es sehr wichtig, in diesem Zusammenhang mit dem jeweiligen Kind darüber zu sprechen, dass Gott unsere Gebete nicht einfach so auf Knopfdruck erhören kann; dann könnte ja jeder kommen und Gott als eine Art Wunscherfüllungsmaschine in seinen Dienst stellen.

Bei entsprechender Erklärung begreifen Kinder meist schnell, dass das nicht wie ein Mechanismus funktioniert. Dann würden wir erstens sehr schnell verwöhnt und zweitens sicher auch bald ziemlich maßlos mit unseren

Wünschen werden. Verwöhnte Kinder sind aber meistens ungläubige Kinder – und das will Gott nun eben ganz gewiss nicht! Und ganz gewiss will er auch nicht unsere Habgier und unsere Machtanmaßung hervorlocken; deshalb sind Gottes Wunscherfüllungen sehr leise, manchmal lässt er sich damit viel Zeit, und gelegentlich zeigt er uns auch, dass er einen anderen Weg mit uns vorhat, als wir ihn uns wünschen oder uns vorstellen.

Kleinere Kinder bedürfen solcher langen Erklärungen nicht – und doch sollte man eine Antwort parat haben, wenn sie enttäuscht darüber sind, dass Gott ihren erbeteten Wunsch nicht sofort erfüllt hat. Es muss vorgebeugt werden, dass sich unter Umständen früh die enttäuschte Vorstellung einnistet, dass Beten meist doch keinen Zweck hat, dass es nicht hilft.

Einen meiner Enkel, der mit einer Darmgrippe im Bett lag, hörte ich mit seiner Mutter darum beten, in der Nacht nicht wieder erbrechen zu müssen. Da die Wahrscheinlichkeit eines Rückfalls aber gegeben war, riet ich meiner Tochter, eine kurze Antwort parat zu halten, nach dem Motto: «Sieh, der liebe Gott kann auch manchmal nicht so, wie er will», falls sich der Junge angesichts einer neuen Brechattacke enttäuscht zeigen würde.

Am Morgen beim Frühstückstee erklärte mir der Junge: Ich hab' heute nacht aber doch noch einmal brechen müssen, nur Mama hat gesagt: «Der liebe Gott will auch nicht immer so, wie er kann.»

Die Gelehrten mögen sich darüber streiten, welche Theologie hier die bessere ist. Aber das Kind hat eine solche Erklärung offenbar sehr dringlich gebraucht, wie wir alle es immer wieder neu erfahren, wenn wir es hinnehmen müssen, dass uns der über alles liebende Vater vordergründig eine Härte und das Versagen einer Gebetserhörung zumutet.

Gewiss ist es auch bereits für Grundschulkinder wichtig, auf Jesus Christus in Getsemani zu verweisen, auf sein flehendes Gebet dort: «Mein Vater, wenn es möglich ist, gehe dieser Kelch an mir vorüber. Aber nicht wie ich will, sondern wie du willst.»

Dass unser Gott auch ein sehr leiser Erzieher ist, der uns Bescheidenheit und Schicksalsfügsamkeit lehren will und muss, weil uns sonst allzu leicht unsere Freiheit übermütig macht, das gehört hier mit hinein in die besinnlichen Abendgespräche um das Gebet am Bett der Kinder.

Mit Kindern vom 12. Lebensjahr ab empfiehlt es sich, immer öfter auch das Vaterunser zu beten, einzuüben und verstehbar zu machen. Was bedeutet es, dass Christus uns empfohlen hat zu beten: «Dein Reich komme?» Was ist das für eine so wichtige Bitte, dass sie nach der Anrufung und der Bezeigung unserer Ehrerbietung (geheiligt werde dein Name) an der ersten Stelle des großen Hauptgebetes steht? Was ist das – das Reich Gottes hier auf Erden?

Es kann keinen Zweifel darüber geben, dass diese Bitte dazu ermuntern will, daran mitzuwirken, dass das helle Licht der Liebe die Dunkelheiten von uns Menschen – Hass, Rache, Egoismus, Neid, Habgier, ja alles Böse und schließlich auch den Tod – besiegt. Diese Bitte umschreibt unseren Lebenssinn, den wir ja selbst oft genug aus Egoismus verraten. Dass das Reich Gottes, das Reich der Liebe, hier auf Erden komme, diese Hoffnung können wir Christen gewiss nur haben, wenn wir uns betend und handelnd in die Gemeinschaft mit Jesus Christus einbinden. Allein sind wir dazu gewiss viel zu schwach. Meines Ermessens ist deshalb die nächste Bitte: «Unser tägliches Brot gib uns heute», doppeldeutig. Gemeint ist einerseits gewiss, dass unser Leib nicht Hunger leiden muss, aber andererseits enthält diese Bitte den Wunsch, dass die immerwährende Liebe Gottes für seine Geschöpfe bei uns einströme, dass auch unsere Seele vor Hunger und Durst bewahrt bleibe.

Dafür müssen wir uns bittend öffnen, sonst findet dieses Urbedürfnis keine Nahrung; denn ein elementares Glaubensbedürfnis, so haben ethnologische Untersuchungen herausgefunden, gibt es in allen menschlichen Gesellschaften der Erde. Meines Erachtens ist es von großer Wichtigkeit, dieses Kindern jenseits der Zehnjährigkeit zu verdeutlichen, sie wissen zu lassen, dass es in der Tiefe unserer Seele ein ebenso starkes Bedürfnis nach einem Genährt- und Gehaltensein von Gott gibt, wie wir auf das tägliche Essen und Trinken angewiesen sind.

Auch die nächste Bitte: «Und vergib uns unsere Schuld, wie wir vergeben unsern Schuldigern», sollte älteren Kindern, mit denen man dieses Gebet betet, interpretiert werden. Diese Bitte befasst sich unausgesprochen mit dem Gebot von Jesus Christus, dass wir einander lieben sollen; denn das bedeutet es schließlich, dass wir einander die Kränkungen, die wir uns zufügen, nicht gegenseitig nachtragen. Jugendlichen sollte verdeutlicht werden, dass die Vergebungsbereitschaft die natürliche Folge der Gegebenheit ist, dass Jesus Christus für uns gestorben ist, und uns am Kreuz von aller todeswürdigen Schuld erlöst hat.

In der letzten Bitte macht uns das Herrengebet bewusst, wie gefährdet wir sind, in unserem Leben nicht dem Guten, sondern dem Bösen den Vorrang zu geben, und damit dem «Un-Sinn», statt dem Kommen des Reiches der Liebe mit unserem Leben zu dienen, einem Reich, das dem Gläubigen, dem durch Christus Erlösten, Leben in Ewigkeit verheisst.

Katholische Kinder lernen darüber hinaus im Firmunterricht, den Rosenkranz zu beten. Für alle großen und kleinen Christen, gleich welcher Konfession, ist es wichtig zu wissen, dass die Worte dieses Gebetes nicht irgendetwas Ausgedachtes sind, sondern göttliche, biblisch offenbarte Worte des Engels, mit denen Maria verkündigt wurde, dass sie auserwählt worden sei, den menschgewordenen Gott zur Welt zu bringen.

Der deshalb so benannte Angelus = Engelsgebet wendet sich an Maria als die mächtigste Fürsprecherin bei ihrem Sohn Jesus Christus. Im Rosenkranzgebet wird dieses Gebet zu einer flehentlichen 53fachen Wiederholung in der Vorstellung, dass die Mutter Jesu eine tief barmherzige Frau sein müsse – hat sie doch das furchtbarste aller Leiden in einem übermenschlichen Gottvertrauen durchlitten und gerade dadurch eine besondere fürsprechende Macht und bergende Schutzfähigkeit – selbst angesichts so furchtbarer Sünden, dass ein Strafgericht Gottes droht.

Besonders den Rosenkranz zu beten, haben alle Kinder, die seit Fatima Marienerscheinungen gehabt haben, als dringliche Nachricht an die Gläubigen weitergegeben. Angesichts des Leidens so vieler hungernder Menschen auf der Erde, angesichts so vieler seelischer Not hier bei uns durch Sucht und Kriminalität, angesichts der millionenfachen Tötung der Ungeborenen ist es sicher eine tiefe Notwendigkeit, besonders auch mit den unschuldigen Kindern in christlichen Elternhäusern den Angelus zu beten. Sie sollten wissen, dass sie offensichtlich in Mutter Maria eine große Fürsprecherin besonders dann haben, wenn Gott über die Hartherzigkeit seiner Menschen traurig oder gar bitter zornig geworden ist.

H – Heiliger Geist bedarf der Empfänglichkeit des Menschen

Was müssen christliche Erzieher tun, um zu bewirken, dass Kinder, für die sie verantwortlich sind, offen werden für das Einströmen des Heiligen Geistes? Ja, im Grunde ist diese Frage noch nicht einmal richtig gestellt. Sie müsste lauten: Was ist heute nötig, damit Kindern die in ihnen natürlicherweise vorhandene Empfangsbereitschaft für den Heiligen Geist im Laufe ihrer Kindheit nicht abhanden kommt? Der Heilige Geist ist die Nabelschnur des Allmächtigen. Er ist seine Wirkmacht in uns. Phänomene wie Lauschen, Staunen, Freude, Intuition, der schöpferische Ein-Fall und Zu-Fall, Glaubensgewissheit und -eifer sind ihm zugeordnet.

Kinder sind in einer ihnen typischen Weise offen für den Heiligen Geist. Wenn man sie nicht bereits in ihren ersten Lebensjahren verbogen hat, jauchzen sie gewissermaßen auf das Leben zu. Lebenslust, Tatendrang, Forschereifer und Hellhörigkeit kennzeichnen sie. Sie sind noch ungebremst kreatürlich. Daraus resultiert ihre Naturnähe, das heisst, ihre Faszination für Tiere, für Wasser, für Wald, für Busch und Feld. Sie haben einen unmittelbaren Sinn für das Geheimnisvolle. Sie sind im Mythos geradezu zu Hause. Aufgeschlossenheit für das Wunderbare, für Himmlisches, Mythisches ist ihnen zu eigen. Nikolaus, das Christkind, seine Engel, Gott Vater und seine Heiligen, die Himmelskönigin und der gute Hirte – Erzählungen darüber nehmen Kinder mit ebensolcher Konzentration wie mit einer staunenswerten Zustimmung auf.

Selten noch ist es Eltern und Erziehern klar, um was für kostbare Eigenschaften es sich hier handelt; ist es doch gerade diese Offenheit, die Christus nachdrücklich als Voraussetzung für das Tor zur Einung mit Gott kennzeichnet, indem er sagt: «Wahrlich, ich sage euch, wenn ihr nicht umkehrt und werdet wie die Kinder, werdet ihr nicht in das Himmelreich eingehen.»

Wenn sich christliche Erzieher klarmachen, dass dieses nun ganz gewiss das eindeutige Ziel aller ihrer Bemühungen sein muss, dann wird deutlich, wie wenig man das heute im Kopf und Herzen hat, und wie gedankenlos im allgemeinen hier an unseren Kindern gesündigt wird. Die Voraussetzung für das Wirken des Heiligen Geistes ist Stille, auch für unsere Kinder, die selbst so gerne Lärm machen. Erst in einem Freiraum der Stille geschehen dem Kind Ein-Fälle, Er-Findungen, Ent-Deckungen von Geheimnissen.

Im natürlichen Umfeld und in freier Spielwahl erst entfaltet sich das Sensorium für den Heiligen Geist und damit allein die Möglichkeit zu echtem phantasievollem Schöpfertum, das nichts anderes ist als ein Zufluss des Schöpfer-Gottes selbst. Es gibt nur noch sehr wenig Künstlertum heute, weil Voraussetzungen dieser Art in der Kindheit kaum noch geschaffen werden. Kinder werden heute meist bereits im Kindesalter elektronischen Lärmhöllen ausgesetzt.

Selbst wenn verantwortungsbewussten Erziehern der Sinn für das Schädliche der Dauerberieselung aus der Box noch nicht abhanden gekommen ist und sie dergleichen vermeiden, haben sie es sehr schwer, sich dem Sog zur Kinderkollektivierung in unserem Zeittrend zu entziehen. Kleinkinder lernen aber in lärmreicher Umwelt nicht das Wichtigste ihres Lebens, sie werden vielmehr meist in viel zu jungen Jahren genötigt, es zu verlernen! Es ist deshalb auch ein gefährlicher Verlust an Besinnlichkeit, wenn man die Kinder zu früh – meist gegen ihre wochenlangen, erbitterten schreienden Widerstände – ins Kollektiv zwingt.

Die Empfänglichkeit für den Heiligen Geist nicht zu zerstören, das ist nun freilich gewiss nicht nur eine Angelegenheit der Kleinkinderzeit. Ganz besonders jenseits der Phase des sogenannten kritischen Realismus – das ist etwa die Zeit zwischen dem 8. und 13. Lebensjahr, in der die Kinder gewissermaßen die Oberfläche ihres Seins, das heisst ihr Umfeld, zu erobern suchen – beginnt neue Aufgeschlossenheit für die Tiefe und für die Höhe aufzukeimen. Jenseits der Geschlechtsreife, oft auch erst einige Jahre nach dem Pubertätsschub, beginnt bei seelisch gesunden Jugendlichen Aufgeschlossenheit für sakrale Musik zu entstehen, ebenso für das Erleben der Schönheit einer Landschaft und ihrer Stimmung. Ja, der Gefühlsüberschwang einer großen Liebe kann eine neue Offenheit hervorrufen.

Der Sinn für das Numinose kann ebenso in der Stille eines Kämmerleins wie in einem Gottesdienst aufbrechen. Auch dafür müssen christliche Erzieher die Voraussetzungen schaffen. Eine der wichtigsten heute ist die Einübung in klassischer Musik (am besten natürlich durch eigenes Instrumentieren; denn das ist erfahrungsgemäß die nachhaltigste Möglichkeit, der Verseuchung mit dämonischer Musik vorzubeugen).

Der amerikanische Soziologe Michael Keaton hat nachgewiesen, dass in all jenen Gesellschaften, in denen die Rockmusik eine typische, von ihr gefärbte Jugendszene hervorrief, Sucht und Gewaltkriminalität erschreckende Ausmaße annahmen. Die Lärmhöllen der Diskotheken, der Rock aus dem Walkman – so erkannten bereits die

Ohrenärzte – bewirken bei hinreichender Phonstärke und Häufigkeit irreparable Hörschäden der Ohren. Wie tief und verstellend erst die seelischen Beschädigungen sind, davon mag keiner sprechen – sie sind aber in der so zahlreich gewordenen seelischen Verwahrlosung junger Menschen in einer furchtbaren Weise sichtbar. Dass manche Songs und Tänze direkte Beschwörungen des Teufels und anderer Dämonen enthalten, sind keine seltenen Auswüchse. Darin wird vielmehr eine atemberaubende geistliche Verführung junger Menschen in der westlichen Welt offenbar.

Wer diese Zusammenhänge erst einmal erfasst hat, muss als christlicher Erzieher davor warnen, dämonische Rhythmen und Songs sogar in sakralen Räumen zuzulassen; denn das geschieht meist in dem fatalen Irrtum, auf diese Weise bei der Jugend «anzukommen» und ihnen Glaubensvorbereitung zu bieten. Der Gegenbeweis ist längst erbracht: Überall dort, wo man (besonders im evangelischen Bereich) jeder Tradition abschwor und sich in dieser Weise modernistisch gab, führte das zu einem Niedergang des Gottesdienstbesuches. Es muss christlichen Erziehern deutlich werden, dass hier Schlimmstes geschah: Nämlich die Vertreibung des Heiligen Geistes aus seiner angestammten Heimat: aus der Kirche.

Die Voraussetzung dafür, dass Jugendliche und junge Erwachsene von der Gnade des Glaubens erfasst werden können, besteht darin, Gelegenheiten und eine Atmosphäre zu schaffen, in welcher der Heilige Geist sich so zu entfalten vermag, dass ER in den Seelen ankommt. Mit Recht sprechen wir in diesem Zusammenhang in modischem Slang von «Wellenlänge», von «rüberbringen», eben von «ankommen» oder «nicht ankommen»; denn die geistlichen Vorgänge haben in der Tat so etwas wie Entsprechungen in den physikalischen Bereichen.

Die Nähe Gottes kann nur in heiliger Stille das Herz ergreifen. Es ist die erste Pflicht und Schuldigkeit christlicher Erzieher, hier alles zu tun, um den Kindern dazu Gelegenheit zu verschaffen. Die «stille Zeit», wie sie der Marburger Kreis seinen Gläubigen empfiehlt, kann dazu ebenso dienen wie stille Andachten in unseren Kirchen und großen Domen; denn ihre Erbauer sind in begnadeter Weise ihren Eingebungen gefolgt, um dem Heiligen Geist Wohnung zu geben. Dass einige unserer Klöster Andachten und Zeiten der Besinnung in der Klausur für Laien anbieten, ist eine beachtenswerte, sinnvolle Neuerung unserer Tage.

Vorbereitungen können aber auch durch die intensivierte Betrachtung großer Kunst erfolgen; denn alle wahre Kunst ist Offenbarung Gottes durch die Übermittlung des Heiligen Geistes an den Künstler. Deshalb kann sie den Menschen mit Macht erschüttern und das aufwühlende Erleben der Gottesnähe hervorrufen. Alles andere im sogenannten Kunstbetrieb «l'art pour l'art» ist Flitter und Zeitverschwendung.

Ein Tor zum Heiligen Geist kann für den jungen Menschen auch ein großes Naturerlebnis werden: der Aufgang der Sonne auf dem Gipfel eines hohen Berges wie überhaupt die Großstunden der Schöpfung, z.B. der frühe Morgen, der hohe Mittag, die Abendstunden, die «mondbeglänzte Zaubernacht», die schlagenden Wellen an einem einsamen Strand oder das Sausen des Windes in einem Föhrenwald.

Dem jungen Menschen der Moderne muss erst wieder zum Bewusstsein gebracht werden, dass hier etwas zu suchen ist und dass Kostbarstes gefunden werden kann – nicht als Enderlebnis eines pantheistischen Glaubensverständnisses, sondern als Einstieg zu einer zweiten Geburt: einer bewussten Erfahrung, was christlicher Glaube eigentlich meint und bedeutet.

Für christliche Erzieher ist es hier meines Ermessens unendlich wichtig, nicht zu eng anzusetzen und ängstlich darauf bedacht zu sein, die Kinder in bestimmte Formen vorzupressen. Das kann ihnen unter Umständen ebenso den Weg zum radikalen Erfasstwerden lange Zeit verstellen. Freilich: Wir müssen die jungen Menschen mitnehmen zu den Orten, an denen Erlebnisse dieser Art möglich werden können. Wir müssen ihnen auch sagen, dass es dort *den Schatz* im Acker, *die Perle* zu finden gilt, dass Gott hier sehr viele verschiedene Tore für uns bereithält.

Wir müssen als christliche Erzieher anbieten und anregen – dann erst können wir Hoffnung haben, dass die Jugendlichen etwas davon als das Bessere annehmen als Beschäftigungen, die den Heiligen Geist ausschließen, statt sie für ihn aufzuschließen: die Dauerberieselung mit Fernsehen, Experimentieren mit unzulässigen Eintrittsformen ins Numinose, etwa in Gestalt von Drogen, von spiritistischen Praktiken oder sonstigen Formen der in Mode gekommenen Zauberei. Jugendliche müssen wissen, dass uns solche Übergriffe ins Geisterreich von Gott selbst aus Liebe zu unserem Schutz und im Wissen um die gefährliche Unbekömmlichkeit solcher Praktiken für alle Zeit verboten worden sind.

Es ist müßig für christliche Erzieher, immer wieder ein langatmiges Lamento darüber anzustellen, dass die Jugendlichen heute keinen Sinn mehr für den Glauben entwickeln. Wir müssen vielmehr in bewusster Sorgfalt darauf bedacht sein, dass wir das uns Mögliche tun: den Kindern eine gesunde, seelische Offenheit zu erhalten und in unserer Kirche dafür Sorge zu tragen, dass der Heilige Geist weiter in ihr Wohnung findet, dass das Numinose nicht durch Kinkerlitzchen, durch neumodische «Actions» vertrieben wird.

Bleiben unsere Kirchen mit ihrem Ritual, ihrer Orgel, ihren Gesängen ein Ort seiner lebendigen Bewahrung, so finden eines Tages manche Skeptiker auch dorthin, denen Gott in seiner Schöpfung, in der Kunst, oder in der Betrachtung des «gestirnten Himmels über mir» (Immanuel Kant), im stillen Kämmerlein oder in einem Konzert bereits in seiner Heiligkeit begegnet ist, die sie mit überschwenglicher Freude erfüllt hat und damit die Empfangsbereitschaft für das geheimnisvoll Göttliche vorbereitete.

Es muss in diesem Zusammenhang darauf hingewiesen werden, dass es sicher ein positives Zeichen dafür ist, dass der Heilige Geist uns noch nicht total abhanden gekommen ist, dass sich so viele Jugendliche für die Erhaltung der Natur und für den Umweltschutz einsetzen. Der heilige Eifer, mit dem das geschieht, lässt auf manch göttliches Erfasstsein schließen. Wichtig ist es aber an dieser Stelle, den Jugendlichen deutlich zu machen, dass nicht eine Anbetung der Natur ihr eigentliches Ziel sein kann, sondern in Ehrfurcht vor Gott dem Schöpfer die Schöpfung zurückgewinnen, statt die Erde in einen Schrottplatz verwandeln zu wollen.

Den jungen Umweltschützern sollte deutlich werden, dass sie intuitiv von einem der wichtigsten Aufträge Gottes an den Menschen erfasst sind: sein Schöpfungswerk zu erhalten, mitzugestalten – und das heisst, dass in einem immer mehr fortschreitenden Maße die Natur aussen und innen in einer liebevollen, klugen und behutsamen Weise gezähmt und kultiviert, also der Vorherrschaft der rohen Gewalt enthoben werden soll, damit Gottes Reich, das Reich der Liebe, statt dessen auch auf Erden jenseits von Eden kommen kann. Den eifrigen Umweltschützern sollten christliche Erzieher klarmachen, für wen sie so engagiert sind; denn Gottes Schöpfung ist schließlich in der Tat durch die Leichtfertigkeit, Gewinnsucht und Maßlosigkeit – weil Glaubenslosigkeit der Menschen der Moderne – bedroht.

Ernste und beglückende Warnung sollten christliche Erzieher hier nicht versäumen; denn verführt der so berechtigte Kampf für die Umwelt zur Vergötzung der Natur, so führt das in einen Rückfall ebenso wirtschaftlicher wie geistlicher Art. Das Anbeten falscher Götter ist in der Geschichte immer ein halsbrecherisches Unternehmen gewesen; vor allem die Natur zur Göttin auf den Weltenthron zu erheben ist elementar widergöttlich, weil das dem Plan Gottes, sie durch Integration zu zähmen, widerspricht.

Christliche Erzieher haben hier die Aufgabe, die mit Recht leidenschaftlich kämpfenden Umweltschützer einer bewussten Unterscheidung der Geister zuzuführen. Umweltschutz muss direkter Dienst für Gott sein. Wird er zum Baal-Kult, so steht er in der Gefahr, anmassend und zerstörerisch zu werden. Laut Bibel bedeutet das, dass er Gottes Zorn anheimfällt (Ri 2,13f).

I – In die Gemeinde muss man hineinwachsen

Gemeinde – was ist das? Wie kann man in sie hineinwachsen? Das ist für viele aktive Christen in der Bundesrepublik Deutschland fast schon eine peinliche Frage; denn Gemeinde heisst schließlich Gemeinschaft der Gläubigen des Kirchenkreises. Diese Gemeinschaft gibt es in vielen Pfarreien überhaupt nicht mehr, da viele Einwohner nur noch auf dem Papier «Christen» sind. Sie beteiligen sich nicht mehr am kirchlichen Leben, und oft sind die Gemeinden viel zu groß, viel zu unüberschaubar und auch undurchsichtig geworden.

In vielen Familien gehören nur noch einige Mitglieder der Kirche an. Häufig gibt es durch den Zustrom von Ausländern mancherlei Glaubensverschiedenheiten und Konfessionen unter einem Dach. Das alles erschwert lebendige Gemeinschaft.

Am ehesten gibt es sie noch in Splittergruppen, in den kleinen Bereichen der Abspaltungen von der evangelisch-lutherischen Kirche und in den charismatischen Bewegungen beider Großkirchen. Hier findet häufig intensiver, bewusster Zusammenschluss statt. Man trifft sich auch über die Gottesdienste hinaus.

Der Gemeindeverlust ist beklagenswert, weil eine vorbildliche, fest zusammenhaltende Gemeinschaft Lebensziele und Lebensweisen verwirklicht, wie sie sich aus dem Glauben ergeben.

In der Gemeinde kann den Kindern und Jugendlichen lebendiges Christentum vorgelebt werden, so dass es für sie glaubwürdig wird und ihnen Halt bei ihrem Start ins eigene Leben vermittelt. Deshalb wäre es so dringlich, dass mehr christliche Erzieher den Versuch machen, ihr Gemeindeleben so zu aktivieren, dass die Kinder in es hineinwachsen und sich in ihm verwurzeln können. Die Aktivitäten sollten sich nicht darauf beschränken, Seniorentreffs und Grillpartys zu veranstalten.

Besser wäre es, wenn darüber hinaus zu kleinen Treffen mit einer umgrenzten Personenzahl in immer neuer Zusammensetzung eingeladen werden würde, zu Gesprächsabenden, deren Ziele jedem Teilnehmer jedesmal eingangs neu ins Bewusstsein gerufen werden sollten etwa in folgendem Tenor: «Wir sind die kleingewordene Schar aktivierbarer Christen in einem Land, das durch seine Glaubensgleichgültigkeit in große Gefahr geraten ist.

Wir wollen uns mühen, in dieser Situation Gott mehr Freude zu machen: Durch mehr Anbetung, mehr Danksagung, durch mehr Liebe für IHN und deshalb auch durch mehr Liebe füreinander. Deshalb wollen wir miteinander beten, miteinander singen, miteinander über einen Bibeltext nachdenken und uns gegenseitig von unserem Leben und unseren Sorgen erzählen, um auch sie in gemeinsamem Gebet vor Gott zu bringen.»

Aus solcher Eröffnung würden gewiss viel mehr wirklich christliche Kontakte entstehen. In vielen Gemeinden heute ist es aber eher so, dass es so etwas wie ein Presbyterium gibt, das sich wenig von dem Klein-Klüngel eines weltlichen Vereins unterscheidet und auch nicht mehr als dessen Sinn verwirklicht, indem es eine Schutzfunktion durch Gruppenzusammenhalt erfüllt.

Echt christliche Gemeinde ist ganz besonders für Jugendliche eine Notwendigkeit, weil das eine Möglichkeit wäre, einen Freund oder eine Freundin unter Christen zu finden, statt wegen der Weigerung, Diskotheken zu besuchen, bei den Klassenkameraden zum Aussenseiter zu werden. Wir können nicht erwarten, dass die Jugendlichen nach den für sie mühseligen Jahren des Firm- oder Konfirmationsunterrichts weiter darauf aus sind, aktive Gemeindemitglieder zu werden, wenn eine lebendige Gemeinde in ihrem Kirchenkreis nicht existiert.

Hier wartet eine große Missionsaufgabe auf christliche Erzieher. Aber um ihrer Erfüllung näher zu kommen, wäre es zunächst einmal nötig einzusehen, dass der bisher beschrittene Weg christlicher Aktivitäten in Gemeinden das Bedürfnis nach christlicher Gemeinschaft nicht aktiviert, sondern eher erstickt hat.

Der christliche Kindergarten – ganz und gar nicht, wenn die Kinder in viel zu jungem Alter dort abgegeben werden – prägt allein ebensowenig zum Christentum vor wie nur der Kindergottesdienst oder die Ministrantentreffen. Diese Organisationen in Treffs nach Lebensalter hat die Isolierung in unserem verstädterten, weiträumig gewordenen Leben nicht auflösen können. Wir müssen in heterogenen Kleingruppen der Gemeinde zusammenkommen und immer neu auf unseren christlichen Auftrag heute und seine so brennende Notwendigkeit eingeschworen werden; denn nur dann kann es möglich werden, dass auch junge Menschen erkennen, dass es sich bei den Treffs nicht nur um einen Zeitvertreib handelt, sondern um ein ausserordentlich sinnvolles, ja heute lebensnotwendig gewordenes Miteinander.

Wenn junge Menschen hier erfahren, dass Christentum heisst, Abschottung des modernen Stadtmenschen zu überwinden, wenn sie erleben, dass die Gemeindefamilie so etwas darstellt wie die Ausweitung der kleinen Urfamilie, dann könnte hier ein neuer Aufbruch entstehen.

Intensivierungen dieser Art lassen sich besonders gut im Anschluss an Familiengottesdienste anberaumen. Eine Anbindung an den Gottesdienst ist jedenfalls sehr sinnvoll, wenn echte christliche Gemeinschaft wachsen soll. Freilich taucht dann sofort die Frage von bemühten christlichen Eltern auf: Wieviel Teilnahme an Gottesdiensten dient denn überhaupt einer optimalen Glaubensvorbereitung?

Das bedarf in der Tat eines umfänglichen Nachdenkens aus pädagogischer und psychologischer Sicht. Ab wann und wie oft sollte man Kinder im Vorschulalter mit zur Kirche nehmen? Zurückhaltung ist hier empfehlenswert. Junge Eltern sollten sich besser abwechseln – in Kirchenbesuch und Kinderbetreuung daheim.

Oft ist es sinnvoller, dass einer der Eltern den Kleinen am Sonntagmorgen zu Hause biblische Geschichten vorliest und Bilderbücher dieser Art mit ihnen anschaut, und die Kinder wissen, dass Mutter oder Vater derweil in der Kirche für sie beten, als dass die ganze Familie ohne Möglichkeit zu echter Andacht mit all der Not, die Kleinen ruhig zu halten, in der Kirchenbank sitzt. Zu der von mir vorgeschlagenen Nachversammlung könnten die bisher Zu-Hause-Gebliebenen dann hinzukommen.

Im Grundschulalter würde ich freilich raten, diese Gepflogenheit zwar weiter zu belassen, aber die Kinder am Besuch der Gottesdienste teilnehmen zu lassen. Zwang zum Kirchenbesuch im Grundschulalter hat sich nicht als eine wirksame Glaubensvorbereitung erwiesen, schon ganz und gar nicht bei der lutherischen Gottesdienstform, bei der eine bis dreissigminütige Predigt im Mittelpunkt steht, die meist über die Köpfe der Kinder weit hinausgeht. Vom neunten Lebensjahr ab kann es aber – gewiss in der katholischen Kirche – eine regelmäßige Teilnahme am Gottesdienst als ein feierlicher Neuschritt jenseits der Erstkommunion geben. Der gleichförmigere, umfänglichere Ritus der katholischen Kirche kommt dieser Altersstufe mit der Freude an der Wiederholung von Bekannt-Gleichförmigem entgegen. Die zum richtigen Zeitpunkt erfolgende Eingewöhnung in eine bergende Struktur hat sich als eine positive Vorbereitung in der Erziehung zur Kirchentreue und zum Glauben erwiesen.

In der Zeit der Pflichtgottesdienste und der Firm- und Konfirmationsvorbereitung sollten es sich die Eltern zur Pflicht machen, dass immer wenigstens einer von ihnen den Sprössling begleitet und dass hinterher über den Predigttext gesprochen wird, damit die Kinder Verständnis für das Gesagte und die heilige Handlung gewinnen. Bemühte Eltern müssen wissen, dass in den seltensten Fällen der kirchliche Unterricht allein zu einer wirkungsvollen Glaubensvorbereitung ausreichen kann.

Viele Jugendliche zeigen heute nach der Konfirmation bzw. Firmung Unwilligkeit zur weiteren Teilnahme an den Gottesdiensten. Das ist zwar ein bedauerliches Zeichen, aber keineswegs ein Beweis dafür, dass alle Bemühungen zur Glaubenserziehung nicht gefruchtet hätten. Autokratisch von den Eltern erzwungene Teilnahme ist nicht ratsam.

Dennoch sollten die Eltern den Kindern sagen, dass Abgewöhnen auch so etwas Ähnliches ist, wie sich das lebenswichtigste aller Nahrungsmittel zu versagen und dass man sich dadurch gefährlich arm machen könne – schleichend und zuerst so wenig sichtbar wie der Schaden des Körpers nach dauerhaftem Entzug von Vitaminen.

Man sollte ihnen einen Gottesdienst im Monat auf dem Boden solcher Erwägungen zur Pflicht machen und eventuell auch gemeinsam mit ihnen auf die Suche nach einem besonders begnadeten Pfarrer und einer besonders lebendigen Gemeinde gehen, wenn die vor Ort schläfrig ist.

Das sollte aber nicht heissen, sich der Heimatgemeinde ganz zu entziehen. Wenn die Jugendlichen erst einmal vom Glauben erfasst sind, können sie vielleicht sogar mit Elan an ihre Belebung gehen. Viel Sorgfalt und viel Gemeinsamkeit sei pflicht- und verantwortungsbewussten Eltern angesichts der so hohen Gefährdung gerade der Jugendlichen für böse Verführung heute angeraten.

J – Jesus Christus – bei uns alle Tage

Für die Kinder und mit den Kindern vom Anfang ihres Lebens an zu Jesus Christus zu beten und ihnen dann vom dritten Lebensjahr ab von ihm zu erzählen oder in guten Kinderbibeln (Anneliese Pokrandt, Anne de Vries) über ihn vorzulesen – das bereitet christlichen Erziehern Freude und gewährt tiefes Glück; denn wie hören die Kleinen zu, wenn die Geschichten altersentsprechend schlicht und kurz sind! Wie unmittelbar gläubig und voll staunender Aufmerksamkeit nehmen sie das wunderbare Geschehen der Inkarnation unseres Gottes auf! Dabei ist es von großer Wichtigkeit, den Kindern immer neu zu vermitteln, dass uns im Grunde nichts hoffnungslos Übles mehr geschehen kann, seit Jesus hier auf der Erde gelebt hat. Wir wissen seitdem, wie groß die Liebe von Gott Vater für jeden einzelnen von uns ist; und das gilt für alle Ewigkeit, wenn wir uns nur ganz fest an den Heiland halten.

Ja, wir wissen, dass er immer bei uns ist, jeden Tag und jede Nacht, wenn wir ihn auch nicht sehen; dass er uns hilft, wenn wir ihn anrufen, ihn befragen und bitten. Schon junge Kinder verstehen das. Kürzlich sagte ein so erzogener kleiner Vierjähriger, als das Morgenlicht durch die Fenster drang: «Alles ist überstrahlt von Jesus!»

Christliche Erzieher sollten in der Tat versuchen, diesen Glanz in ihre Wohnung zu holen. Dabei ist es gewiss auch nötig, die Kinder nicht mit Reden von Jesus zu überfüttern oder gar Jesus zu einem moralisierenden Miterzieher zu missbrauchen! Das Heilige seiner Gegenwart lässt sich auch zerreden. Immer sollte im Mittelpunkt erst das Leben in christlichem Geist stehen, wie es in den ersten Kapiteln hier dargestellt wurde. Ohne einen solchen

Einsatz für die Kinder im opferbereiten Geist unseres Herrn ist alles schrille und viele Reden klingendes Erz und tönende Schelle. Auch ohne dass die Kinder dies schon ins Bewusstsein nehmen können, wirkt es auf sie bald unglaubwürdig und abstoßend. Sie werden der falschen Töne überdrüssig und schlagen die Tür zum Glauben spätestens in der Pubertät oft über weite Strecken ihres Lebens zu, gelegentlich tragischerweise sogar lebenslänglich.

Wie bitter oft habe ich mir von evangelischen Pfarrerskindern von ihrer Abscheu gegen einen Vater berichten lassen, der seine Kinder wie lästige Fliegen behandelte, aber sie zu betender Disziplin von der salbungsvollen Morgenandacht bis zum Pflichtgottesdienst zwang und so den Kindern jeden Zugang zum Glauben versperrte. Was für ein tragisches Absurdum! Und wie oft habe ich mir die Not von Missionarsehepaaren, von Offiziersehepaaren der Heilsarmee und Pastorenehepaaren im gemeinsamen Kirchendienst anhören müssen, bei denen tragischerweise die unzureichend betreuten Kinder ins Rauschgift, gelegentlich sogar in den Terrorismus ausbrachen, kaum dass sie flügge geworden waren.

Erziehung zum Glauben hat eben fundamentale Voraussetzungen. Reden von Jesus, ohne in der Nachfolge zu leben, ist pharisäische Heuchelei, die Christus mit Nachdruck angeprangert hat. Glaubwürdigkeit des Glaubens erreichen christliche Eltern nur, wenn sie sich intensiv in den Dienst für ihre Nächsten – und das sind nun einmal ihre Kinder – stellen und sich in ihrem Umgang mit ihnen nach dem Vorbild von Jesus Christus ausrichten.

Sehr wichtig für die Erziehung zum Glauben ist es, den kritischen Fragen der Kinder im Grundschulalter nicht auszuweichen. Die Kinder haben jetzt im Bewusstsein: Weder den Osterhasen noch den Weihnachtsmann, noch den leibhaftigen Nikolaus gibt es – da hat sich ein Mensch verkleidet, da haben Menschen lieben Dummerchen eine Freude machen wollen.

In dieser Entwicklungsphase einer natürlichen Entmythologisierung wächst in ihnen der Verdacht, dass all die Wunder, die Jesus tat, ja, dass sein ganzes Leben, das von seiner Entstehung bis hin zu seiner Himmelfahrt, schließlich ein einziges Wunder war, nur ein Märchen sei, wie die vielen anderen von Schneewittchen bis Hänsel und Gretel auch.

Im evangelischen Kindergottesdienst ist diese Ungläubigkeit von entmythologisierten Helfern sogar oft noch geradezu untermauert worden. «Das sind alles nur Bilder», konnte man da hören – oder gar mit politischer Tendenz: «Jesus war in Wirklichkeit nur ein Mensch, wie alle von einem irdischen Vater gezeugt, wie alle gestorben und begraben; aber er hielt revolutionäre Reden, er wollte die Israelis befreien – von der römischen Fremdherrschaft und von der Herrschaft durch die Priesterkaste. Er war und ist das Vorbild eines gewaltlosen Revolutionärs, und deshalb hat man ihn hingerichtet. Deshalb ist er bei der Überwindung politischer Ungerechtigkeiten in der Welt das unsterbliche Vorbild...»

Es ist von großer Wichtigkeit für christliche Erzieher, dass sie diese die Wahrheit entstellende, die Lehre entmythologisierend verweltlichende, politisierende sogenannte «Befreiungstheologie» kennen, um ihre Kinder sehr wach vor solchen Irrlehren zu bewahren. Das Wunder der Menschwerdung und des Lebens von Jesus Christus samt allen Wundern, die er tat, ist gerade dadurch die Offenbarung der Wahrheit, dass die Natur mit ihren Gesetzen, der wir als Geschöpfe zugeordnet sind, nicht der Weisheit letzter Schluss ist.

Die Macht Gottes, die Allmacht der Liebe, ist der Macht der Natur übergeordnet. Deshalb vermag die Liebe Gottes die grausame Vorherrschaft der Naturgesetze zu durchbrechen. Dieses ist die uns durch Jesus Christus geoffenbarte Wahrheit. Seine Kreuzigung ist höchster Beweis der vorgelebten, deshalb das Leid aller Leiden durchmachenden Überliebe Gottes für seine Menschen auf Erden.

Bei kritischen Anfragen der Kinder-und Jugendlichen ist von christlichen Erziehern deshalb mit Nachdruck zu antworten: «Märchen sind in der Tat Geschichten über Wahrheiten in Bildern, wie unsere Träume. Und auch in der Bibel gibt es Geschichten, die uns die Wahrheit in Bildern, in Gleichnissen – so nannte das Christus – mitteilen, damit wir sie in der Tiefe unserer Seele verstehen; aber das Wunder Jesus ist gerade als Wunder die reine Wahrheit. Durch sein Leben, Handeln und Sprechen wissen wir endlich genau, wie wir von unserem Vater im Himmel geliebt und gehalten werden, warum wir hier eine Weile auf der Erde leben und was Gott mit seiner Schöpfung vor hat.

Das heisst eben nicht nur – so sollten wir den jugendlichen Kindern sagen – geboren werden, alle anderen wegbeissen, allein alles haben wollen, Besitz raffen und sterben, sondern lieb sein, Gott lieben, die Nächsten lieben, die Schöpfung lieben. Und in dieser Weise mitzulieben, das bedeutet seit der Kreuzigung Jesu einst ewig in Freude zu leben und schon hier im irdischen Leben durch die Nähe von Jesus Christus glücklich werden zu können.»

Bei Jugendlichen wird sich an eine solche Rede gewiss eine weitere Diskussion mit bohrenden kritischen Fragen anschließen; zum Beispiel wird erklärt werden müssen, dass ein solches «Glück» nicht einfach gleichzusetzen ist mit einem leichten Leben, ohne schwer zu arbeiten, ohne Schicksalsschläge; aber dass dieses alles im Wissen um die Liebe Gottes viel kraftvoller durchgestanden werden kann, als wenn man ungläubig ist und dann in eine hoffnungslose, verzweiflungsvolle Finsternis fällt. (Unter L soll die Frage nach dem Leid noch ausführlicher behandelt werden.)

Von allergrößter Wichtigkeit ist es aber, den Kindern und Jugendlichen zu vermitteln, dass auch die große Verheissung Jesu, sein Abschiedswort an die Jünger: «Ich bin bei euch alle Tage bis an der Welt Ende» – für uns zur Wahrheit nur werden kann, wenn wir daran festhalten. Erst wenn dieser Glaubensgrund gelegt ist, kann das Verständnis für den nahen Gott wachsen, der den Menschen auch in Zeiten des Kummers und des Versagens versteht, der mitleidet und zu trösten vermag, weil er selbst so sehr gelitten hat.

Erst auf dieser Basis kann Jesus zum Vorbild und Maßstab werden, wenn in schweren Konflikten eine Entscheidung getroffen werden muss. Für christliche Erzieher besteht in solchen Situationen die Möglichkeit, einem ratlosen Jugendlichen zu sagen, dass man die Frage im Gebet Jesus vortragen werde und dass man dem Fragenden empfiehlt, es damit genauso zu halten.

Wichtig ist es, in schweren Entscheidungsfragen dem Jugendlichen eine Zeit des Horchens und Reifenlassens anzuraten, statt die Entscheidung gewaltsam übers Knie zu brechen. Christliche Erzieher wissen ihren Kindern von dem großen Freiraum zu erzählen, den Gott dem Menschen zubilligt, dass er auch Umwege, ja gelegentlich Irrwege zulässt, damit der Mensch in einer überzeugenden Weise an der Wahrheit klug wird.

Da Kinder schon vom vierten Lebensjahr ab Schuld empfinden können und sich mit der Differenzierung des Bewusstseins Empfindungen dieser Art verstärken und vertiefen, ist es von unermesslicher Wichtigkeit, dass sie Christus als ihren Erlöser von aller Schuld kennenlernen. Davon soll in einem gesonderten Kapitel (Umgang mit dem Ungehorsam) ausführlich die Rede sein.

K – Kirchentreue braucht Begründung

Spätestens, wenn Kinder ins Jugendalter eingetreten sind, meist wenn sie die Jahre des mühseligen Pflichtgottesdienstes, der Konfirmations- und Firmzeit hinter sich haben, pflegen sie ihre Eltern – oft angesichts von deren Bitte, doch mit zur Messe bzw. zum Gottesdienst zu kommen – mehr oder weniger aufmüpfig zu fragen, was «die ganze Kirchenrennerei» überhaupt für einen Sinn habe.

Viele Jugendliche von christlichen Eltern bringen nun aus der Schule und den Medien die modische, als fortschrittlich geltende Meinung mit nach Hause – dass die Kirche veraltet bis reaktionär sei, dass sie in ihrer Geschichte fürchterliche Sünden zu verzeichnen habe: gewaltsame Missionierung, Hexenverbrennung und päpstlichen Amtsmissbrauch – ja, dass auch in der Gegenwart wenig Rühmliches über sie zu verzeichnen sei. Habe sie sich genug gegen das Hitlerreich zur Wehr gesetzt? Habe sie genug glaubwürdige Pfarrer, Pastoren und Bischöfe? Sei das ganze System nicht Unsinn – vor allem die zur Ehelosigkeit verdonnerten Priester und die Strenge der von einem Papst verordneten Moral der katholischen Kirche?

Man sollte derlei Anwürfe nicht zwischen Tür und Angel etwa mit einem autoritären «trotzdem bleiben wir unserer Kirche treu», beantworten, sondern eine Zeit verabreden, bzw. sich sofort nehmen, in der man Fragen dieser Art gemeinsam diskutiert.

Wichtig ist es hier, bei allen angemeldeten Glaubenszweifeln der Jugendlichen nicht mit einer hohen Bugwelle überstülpender Gewissheit dahergefahren zukommen. Besonders tiefgläubige Erzieher, die ihre Kinder lieben und

Furcht vor deren Glaubensverlust bekommen, müssen sehr darauf bedacht sein, nicht schrill laut und apodiktisch auf die Kinder einzureden.

Auch hier bringt langes, verstehendes Zuhören mehr: Auch hier ist es sinnvoll, kurz darauf hinzuweisen, selbst Zweifel, Kritik und Bedenken dieser Art durchgemacht zu haben und zu kennen und sich eventuell auch im jungen Erwachsenenalter lange damit herumgeschlagen zu haben.

Es ist unzureichend, Gespräche dieser Art mit dem Argument: «Das muss man einfach glauben» vom Tisch zu fegen. Besonders die heute so gängigen Vorwürfe, dass die Kirche das Ziel habe, einzuengen und Macht auszuüben, bedürfen einer Entkräftung mit Argumenten, die stichhaltig sind und aus der eigenen Auseinandersetzung damit erwachsen sind.

Die erste Frage: «Was soll mir der Kirchenbesuch überhaupt bringen – ich kann schließlich auch zu Hause beten», bemäntelt bei Jugendlichen zumeist nichts anderes als ein Stück sonntäglicher Bequemlichkeit.

Sinnvoll ist deshalb die ernste (nicht zynische!) Rückfrage: «Ja, hast du wirklich diese Erfahrung gemacht? Hältst du eine ähnlich umfängliche Fürbitte für dich allein ab, wie der Pfarrer es mit seiner Gemeinde in der Kirche tut? Und meinst du nicht, dass das zahlenmäßig starke ‹Herr, erhöre uns› der Gemeinde nicht auch eventuell die Wirksamkeit der Fürbittgebete erhöht? Meinst du, dass es verzichtbar ist, auch für die ferneren Menschen unserer Erde einen breiten Strom der Bitten hinaufzuschicken? Gelingt es uns allein wirklich hinreichend genug, über den Tellerrand unserer eigenen und nahen Belange hinaus betend für Mitbrüder und Mitschwestern einzustehen?»

Und die Erzieher könnten dann zum Beispiel fortfahren: «Als ich so alt war wie du, habe ich das auch gedacht, und es hat ziemlich lange gedauert, bis ich gemerkt habe, dass ich in meinem stillen Kämmerlein immer nachlässiger wurde mit meinen Gebeten, immer kürzer, immer seltener, immer flüchtiger. Da habe ich mir eingestehen müssen, dass ich mich in meiner Supergebetskraft überschätzt habe und dass es wohl nötig ist, sich die Kraft zum kleinen Gebet aus dem großen des Priesters und der Gemeinde überhaupt erst zu holen.»

Wichtig ist es auch an dieser Stelle, Kirchentreue damit zu begründen, dass man sich schließlich im stillen Kämmerlein nicht selbst das heilige Mahl verabreichen könne und dass dem jugendlichen Kirchenmitglied immerhin bekannt sei, dass Jesus sich uns damit unmittelbar schenkt, und uns auf geheimnisvolle, mystische Weise die Kraft verleiht, ähnlich zu lieben wie ER.

Man sollte an dieser Stelle hinzufügen, dass man selbst versucht habe, ohne das heilige Mahl auszukommen und die Erfahrung gemacht habe, dass es immer kläglicher wurde mit der Mitmenschlichkeit, mit der Güte und mit der Nächstenliebe. Egoismus ist schließlich soviel einfacher zu leben. Zeit bequem zu verbummeln, ist gewiss naheliegender, als sich zum Gutsein aufzuraffen.

Am besten ist es, dann noch ein Beispiel zu geben: «Als du damals die schwere Nierenbeckenentzündung bekamst, haben alle Verwandten geraten: Gib ihn doch in ein Sanatorium – das schaffst du nicht, das ist zu mühsam, das kostet dich zu viele Nerven!

Damals habe ich ganz hautnah gespürt, wie mir die Kraft zum Durchhalten für dich gerade durch die heilige Kommunion geschenkt wurde. Ich werde gewiss nun, nachdem die Not vorbei ist und du wieder gesund bist, den Herrn bei seinem Opfer für uns nicht allein lassen. Wie undankbar und wie treulos wäre das!»

Es ist bei solchen Problemen sehr wichtig, den Mut zu haben, von der eigenen Lebenserfahrung zu berichten und dem jungen Menschen andererseits nicht die Freiheit zu versagen, derlei Erfahrungen selbst zu machen, eine Freiheit, die uns Gott schließlich allen zubilligt. Aber der unersetzbare Wert der Kirchentreue, die Überschätzung der eigenen Kraft in der Vorstellung, dass wir das Leben ohne Gottes Hilfe allein schaffen könnten, sollte in bescheidenem Tenor und ohne moralinsaure Überheblichkeit doch zum Ausdruck gebracht werden.

Es kann auch an dieser Stelle mit den Ausführungen argumentiert werden, die hier unter H bereits über den Heiligen Geist gemacht wurden. Es lohnt sich, zur Anbetung Gottesstätten aufzusuchen, deren Erbauer bewusst darauf aus waren, IHM eine Wohnung zu schaffen. Besonders die Kirchenbauer des Mittelalters waren darin Meister. Ein Kirchenschiff heisst nicht nur so, es kann auch wie der Rumpf eines Schiffes vor den Stürmen des Lebens aussen und innen Geborgenheit vermitteln. Die hochstrebenden Pfeiler und Säulen bewirken nicht nur, dass der Blick, sondern auch die Seele sich erhebt, hinauf zu dem Erhabenen, zur Ehrfurcht für den Herrn.

Künstlerische Intuition dieser Art zu beachten, statt vom «nur musealen» Wert der Dome hochmütig zu reden, verrät nachdenkliche Reife der Erkenntnis. Immer sollte man dem ungläubig und zweifelnd zuhörenden Jugendlichen raten, hellhörig Gottesdienstformen und Gotteshäuser zu erproben, um das individuell gemäße, das persönliche Tor zur Gottesnähe herausfinden zu können.

Gewiss dürfen sich christliche Erzieher um die plakativen Vorwürfe, die Kirche sei selbst wenig vorbildlich, nicht herumdrücken, zumal sich hier viel mehr griffige Gegenargumente finden lassen, als es zunächst scheint.

Nirgendwo in der Bibel lässt sich die Aussage finden, dass es seit Moses' oder Paulus' Zeiten je eine untadelige Glaubensgemeinschaft gegeben hat. Das ging so vom Tanz um das Goldene Kalb bis zu den Querelen in den Gemeinden der Korinther. Schließlich versagten selbst die Jünger Jesu auf das Kläglichste. Kirchengeschichte ist Geschichte zur Bewahrung des Glaubens – trotz und mit all dem Rankwerk unzureichender Nachfolge bis zum beschämenden Verbrechen im Namen des Herrn.

Kirche ist eine von Menschen getragene Institution, und da wir Menschen alle Sünder sind, kann einfach nicht erwartet werden, dass sich auch und gelegentlich sogar besonders penetrant Sünde in ihr verwirklicht. Gewiss ist es nötig, Auswüchse, die hier geschehen sind, nicht zu verdrängen, um aus ihnen zu lernen; aber Argumente gegen die Heilsmacht der Kirche sind das nicht.

Gerechterweise sollten die Ankläger die Anteile der positiven Wirkmacht Kirche in die zweite Waagschale werfen: Das Hervorbringen einer Hochkultur, das Glaubensglück der Frommen, eine vom Glauben getragene Kunst, die in ihrer Vielfalt und Größe ihresgleichen auf der Erde sucht, und eine Fülle von heiligmäßig lebenden Menschen und Heiligen, die uns noch heute bewundernswerte Vorbilder zu sein vermögen – von den Märtyrern ganz abgesehen.

Die Bilanz der Kirchengeschichte ist letztlich so positiv, ihre Früchte sind in unendlicher Vielzahl so gut, dass sich Kirchentreue ganz gewiss rechtfertigt.

Es ist von größter Wichtigkeit, die Jugendlichen auf die positiven Bilanzen in der Gegenwart hinzuweisen. Kann einer von uns ermessen, was durch die Kirche, ihre Amtsträger und die ehrenamtlichen Helfer an weltweiten Hilfstaten durch ihre caritativen Einrichtungen geschehen ist und noch geschieht?

Wie unendlich hilf- und segensreich hier über die Kontinente hinweg gedient wird und wurde, z.B. durch unzählige Klosterfrauen, die sich in all den Jahrhunderten für die Armen und Kranken aufgeopfert haben? Wie aktiv wird auf diese Weise das Gefühl für Brüderlichkeit, und das heisst für friedfertigen Zusammenhalt, neu geweckt und gestützt! Wer mag wohl behaupten, dass das kein gigantischer Fortschritt ist? Und wer mag weiter noch von einer «veralteten» und «reaktionären» Institution Kirche reden, nachdem sich gezeigt hat, dass jedes Wort des katholischen Lehramtes zur Sexualmoral sich als viel heilsamer, viel gesünder und viel glücklich machender erwiesen hat als das Glitzerwerk der Sexwelle mit all ihren elenden Folgen vom Scheidungs- bis zum Aids-Elend, von der Ablehnung der Familienbildung bis zur millionenfachen Abtreibung Ungeborener.

Man sollte mit den Jugendlichen, die den Sirenen des Zeitgeistes aufgesessen sind, in der Tat so etwas aufstellen wie eine Bilanz der konträren Lebensvorstellungen, um ihnen sichtbar zu machen, wie bedenklich es ist, sich an der Jahrtausendwende noch auf die Seite eines atheistischen, die Kirche verteufelnden Liberalismus zu stellen, nachdem das Großexperiment nach dreissigjähriger Erfahrung damit so negativ ausgegangen ist.

Auch der Verteufelung der Ehelosigkeit in der radikalen Nachfolge als Priester, Mönch oder Nonne sollten christliche Erzieher – ihren fragenden Jugendlichen antwortend – begegnen, und zwar so einfach wie möglich. Fast jeder Jugendliche hat bei irgendeiner Arbeit die Erfahrung gemacht, dass die Ausrichtung auf ein großes und schwer zu erreichendes Ziel die gesamte verfügbare Zeit und alle Konzentration in Anspruch nimmt. Je bummeliger, je zerstreuter, je ungesammelter man sich dabei verhält, umso weniger Chance besteht, das Ziel zu erreichen, bzw. es so zu erreichen, wie es seiner Höhe und Größe entspricht.

Wie soll denn ein Mensch, der ein wirklich in die Nachfolge Berufener ist, dieses Ziel erreichen können, indem er gleichzeitig «Nebenberufe» wahrnimmt? Das wird dann ohnehin nichts Halbes und nichts Ganzes. Dabei bekundet das Leben Jesu und in seiner Nachfolge eine unübersehbare Schar IHM Anverlobter, dass heilige Gottesliebe die natürlichen Antriebe des Menschen in wunderbarer Weise umzuschmelzen vermag.

Dass das heute im Sexzeitalter ganz besonders schwer geworden ist, dass unsere Priester manchmal in ihren Seminaren wenig Hilfe durch glaubensstarke Lehrer erfahren, steht auf einem anderen Blatt. Dennoch ist es sicher ausserordentlich sinnvoll, gläubigen Jugendlichen Hochachtung für den Weg des Priesters und der Ordensfrau zu vermitteln, statt diese hochzuachtenden Berufenen allein im Regen der Verhöhnung durch einen dreisten Zeitgeist stehen zu lassen.

Es kann an dieser Stelle auch sinnreich sein, den Jugendlichen zu verdeutlichen, dass es noch niemals in der Geschichte eine Heldentat war, mit den Wölfen zu heulen und im Schutz einer im Trend liegenden Gruppe einzelne oder eine Minderheit zu verhöhnen. Vielmehr haben gerade die Märtyrerkirche, der Widerstand und der Zusammenhalt der Dissidentenchristen im Ostblock und die Verteidigung von Priestern im Dritten Reich durch gläubige Laien gezeigt, wo hier die Tapferkeit im Sinne der Nachfolge zu suchen ist.

Auch im Hinblick auf die Unterscheidung der Geister sei hier einiges zu lernen: Immer dort, ja, gerade dort, wo man Christen verfolgt, einsperrt oder auch nur mit Worten verteufelt (wie hierzulande bei uns) zeigt sich im nachhinein, dass Böses am Werk war, dass unmenschliche Machtanmaßung regierte, ja, dass viele Menschen mit in einen Strudel der Zerstörung gerissen wurden.

Wer sich lautstarker Verhöhnung der Kirche verschreibt, sollte erschreckt innehalten und sich fragen, ob er – gedankenlos auf den Wogen des Zeitgeistes schwimmend – sich nicht unversehens auf der negativen Seite befindet, ohne sich dessen rechtzeitig bewusst geworden zu sein.

L – Liebe bricht das Leid

In den ersten Kapiteln dieses Buches habe ich zu verdeutlichen versucht: Christentum ist die Religion der Liebe. Erfolgreiche Erziehung zum christlichen Glauben setzt voraus, dass die Kinder durch ihre lange Kindheit hindurch am besten von den ihnen zur Verfügung stehenden, sich um sie kümmernden, verlässlichen Eltern oder Personen, die sich wie liebevolle leibliche Eltern verhielten, geliebt worden sind. Liebe ist ein Gefühl und lässt sich durch eigene Willensanstrengung nicht zaubern.

Leiblichen Eltern wird sie meist unversehens mit der Geburt ihrer Kinder geschenkt; aber sie lässt sich auch erbeten, wenn es spontan an Kraft dazu fehlt. Auf jeden Fall ist die Liebe eine Gabe Gottes – «Lebenswasser umsonst», wie die Bibel es ausdrückt, «ohn' all Verdienst und Würdigkeit» durch Jesus Christus für uns verschwenderisch von ihm ausgeteilt. Erst eine Erziehung der Kinder in Liebe, und das heisst auch unter Verzichten und Opfern geleistet, macht Kinder liebesfähig, weil das ihnen ein Wertgefühl vermittelt. Und nur so kann im jungen Erwachsenenalter Glaube als geoffenbarte Liebe, als Liebesgebot und als Liebessinnfindung durch Liebe greifen.

Freilich muss dieser Zusammenhang den Kindern im jungen Erwachsenenalter auch noch verbal nahe gebracht werden, wenn diese Voraussetzungen geschaffen worden sind; denn unsere Welt ist im Begriff, dieses bewährte Wertesystem des christlichen Abendlandes zu vergessen. Die Jugendlichen müssen gewarnt werden vor den an Gottes Stelle gesetzten Lebenszielen: Vor dem egoistischen, durch Geld und Leistung allein zu erreichenden

Lebensziel im Kapitalismus, vor dem durch gleichmachende Umverteilung angeblich zu gewinnenden Lebensziel im Kommunismus, vor dem durch scheinbrüderliche Solidarität erringbaren Lebensziel ohne ein Beugen unter Gott Vater im Liberalismus.

Jugendliche aus christlichen Familien müssen durch ihre Eltern und gegen all die Fehlbelehrung in ihren Schulen lernen, dass grundsätzlich keine allein von Menschenhand gemachte Weltanschauung und kein darauf aufgebautes System auf die Dauer Erfolg und Bestand hat, wenn man sich anmaßt, von allein lieben zu können, oder wenn man danach trachtet, die Liebe überhaupt abzuschaffen.

Ohne bei Gott geschöpfte Liebe wächst nichts und heilt nichts. Ist Psychotherapie atheistisch – wie die vom schließlich selbst depressiv gewordenen Sigmund Freud gegründete Psychoanalyse –, so ist das hier besonders sichtbar geworden: Nachweislich wurden die in eisiger Distanz zum Therapeuten auf der Couch plazierten Menschen in geringerer Zahl gesundheitlich gebessert als solche, um die sich nur ein «gutes Herz» bemühte.

Da in den immer glaubensloser werdenden Industrienationen immer mehr Menschen chronisch schwer seelisch erkrankten und die Therapeuten unzureichende Erfolge aufzuweisen hatten, führte schließlich der amerikanische Psychotherapeut Rogers den Begriff «Empathie» als notwendiges therapeutisches Prinzip wieder ein. Allmählich begann man sogar zu begreifen: Dass das «Antworten» nötiger ist als das «Analysieren». Und zur Zeit gewinnt sogar eine christliche Psychotherapie an Boden und beginnt, sich erfolgreich durchzusetzen.

Jugendliche aus christlichen Elternhäusern bedürfen der Aufklärung dieser Art, damit sie gar nicht erst in die Versuchung geraten, modischen Irrlichtern nachzulaufen, sondern wie die samaritische Frau mit Jesus am Brunnen, schlagartig begreifen, wo und wie hier das richtige Lebenswasser zu schöpfen ist.

Auch im Einzelschicksal bleibt das Leben ohne in der Tiefe befriedigende Frucht, wenn der Mensch sich anmaßt, für sich allein die Früchte einzusammeln, und wenn er sein Leben aus dem großen Zusammenhang des Dienstes am Schöpfungsplan Gottes zu reissen sucht. Gewiss sollen und dürfen junge christliche Menschen danach Ausschau halten, auf welche Weise und wie sie die ihnen verliehenen Begabungen am besten entfalten und einsetzen können bei diesem Vorhaben Gottes; aber es muss in besinnlicher Stunde immer neu hinaufgefragt und die Messlatte der Liebe angelegt werden, wenn wichtige Entscheidungen anstehen.

Christliche Erziehung der Liebe geht freilich noch hinaus über das vorbildliche Handeln eines gelebten Christentums und verbaler Information seiner Glaubensinhalte und Lebensziele.

Sie muss sich auch darum bemühen, dem Freiheitsdrang des Kindes in den Fällen Zügel anzulegen, in denen es aus Unreife noch nicht in der Lage ist, selbstverantwortlich zu handeln und die Gefahr zu erkennen. Das leuchtet uns bei der Bewahrung der Kleinkinder vor leiblicher Beschädigung ohne weiteres ein. Aber dass christliche Eltern mehr als zu irgendeiner anderen Zeit heute dazu herausgefordert sind, Kinder vor seelischer und geistlicher Beschädigung zu bewahren, ist ihnen häufig nicht deutlich genug im Bewusstsein.

Es sollte zur Sorgfaltspflicht christlicher Eltern gehören, Schmutzlektüre von den Kindern fernzuhalten. So sollte z.B. die «BRAVO» im Hause zum Beispiel nicht geduldet werden, was gewiss am ehesten dadurch zu erreichen ist, dass besseres, wie zum Beispiel die Jugendzeitschrift «Komm mit» oder die «You» auf dem Tisch liegen.

Der Umgang der Kinder muss unter die Lupe genommen werden, am besten dadurch, dass man Freunde und Freundinnen ins Haus einlädt. Das ist die beste Möglichkeit, um positive bzw. negative Einflüsse zu erkennen und bedachtsam mitzusteuern.

Christliche Erzieher kommen heute auch nicht darum herum, sich in die Schulbücher ihrer Kinder mitzuvertiefen, um verderblichen Einflüssen gegenzusteuern. In manchen Religionsbüchern werden verführerische Irrlehren verbreitet, besonders im Sinne der bereits behandelten Befreiungstheologie.

Viele Lehrer sind geprägt von der neomarxistischen Ära der sogenannten emanzipatorischen Pädagogik. Christliche Eltern müssen hier sehr wachsam sein. Sie sollten mit ihren Kindern über die Lehrinhalte sprechen und versuchen, sich selbst ein klares Bild über diese mit dem Christentum unvereinbaren Anschauungen zu verschaffen.

Die beste Information liefert hier das erhellende Buch von Professor Wolfgang Brezinka: «Die Pädagogik der neuen Linken». Christliche Eltern mit Kindern im Schulalter sollten es nicht versäumen, dieses wissenschaftlich sauber informierende Werk zu lesen; denn die durchgängige Lehrerindoktrination ist schließlich keineswegs mit dem Zusammenbruch der kommunistischen Systeme des Ostens durch einen gleichartigen Reinigungsprozess im bundesdeutschen Bildungssystem aufgelöst worden.

Christliche Erziehung der Liebe bedeutet auch Orientierung im Hinblick auf Ethik und Sexualmoral; sie ist ebenso gewichtig bei Fragen um Leben und Tod, um Abtreibung und Euthanasie.

Dies soll in zwei eigenen Kapiteln unter O = Orientierung an den zehn Geboten und U = Umgang mit dem Ungehorsam, abgehandelt werden.

Eine sorgsam christliche Erziehung der eben beschriebenen Art kann verhindern, dass Neurosen entstehen und/oder weltanschauliche Wege eingeschlagen werden, die schwerste Behinderung für die Betroffenen und tiefstes Leid für sie und ihre Angehörigen bedeuten. Die Gepflogenheiten einer unnatürlichen Säuglingspflege, die Verführung zur Entmutterung der modernen Frauen und die Indoktrination der Jugend zu atheistischen Weltanschauungen haben auch in christlichen Elternhäusern oft bitterstes Leid heraufbeschworen, das gewiss nicht mit leichter Hand revidierbar ist.

Oft geschahen hier vielmehr Prägungen, die irreversibel sind und für die Geschlagenen und ihre Umgebung eine große Herausforderung darstellen. Es ist notwendig, schicksalsfügsam das Leid als ein schweres, doch sinnvolles Kreuz auf sich zu nehmen. Auch hier ist die Liebe gefragt; und letztlich hat sich allein das geduldig getragene Leid und das Gebet um durchhaltende Liebe für die Erkrankten als das heilsame Rezept erwiesen.

Viel ungeduldige Betriebsamkeit, verbales Lamentieren und Beeinflussungsversuche sind trotz des immensen Aufwandes unserer Rehabilitationsgroßbetriebe bedenklich erfolglos geblieben. Erbetete Liebe kann den epidemisch auftretenden Leidensformen am ehesten Widerstand entgegensetzen, wozu gewiss auch die Vermittlung der biblischen Aussagen an die Erkrankten gehört, dass sie trotz ihres Versagens, trotz einer oft übersteigert erlebten Unzulänglichkeit von Gott tief geliebt sind.

Von großer Wichtigkeit bei der Erziehung zum Glauben ist eine Diskussion mit den Jugendlichen um den Sinn des Leids. Selbst wenn eine christliche Familie von Schicksalsschlägen gnädig bewahrt wurde, werden die Jugendlichen täglich durch den Informationsfluss der Medien mit Strömen von Leid konfrontiert, die es in der Welt gibt und die in vielfältiger Form täglich neu entstehen: Von Naturkatastrophen bis zu blutigen Revolutionen, Verkehrsunfällen, Terroranschlägen und Familientragödien, die unzählbar vielen Menschen das Leben kostet oder sie chronisch krank werden lässt.

Warum lässt Gott schweres unverschuldetes Schicksal zu, wenn er allmächtig ist und jeden einzelnen der von ihm Geschaffenen liebt? Das ist eine Frage, die nachdenkliche Kinder gewiss ihren Eltern stellen, wenn sie von ihnen zu bewusstem Christentum erzogen worden sind. Bei dieser Frage mit den Schultern zu zucken und mit dem plakativen Satz zu antworten: «Gottes Wege sind eben nicht unsere Wege», ist zwar wahr, aber als Antwort zu wenig.

Die Bibel lehrt in der großen Hiobgeschichte des Alten Testaments, dass die Schöpfung von Gott zunächst den Naturgesetzen unterworfen wurde und dem Menschen Freiheit verliehen wurde. Um sie nicht zu gefährden, greift Gott nicht bei jeder Gelegenheit ein; denn ohne seine prinzipielle Freiheit kann sich der Mensch nicht im freien Entschluss zur Gegenliebe für seinen Schöpfergott entschließen. Deshalb kann der einzelne Mensch unschuldig von grausamer Krankheit befallen oder von entsetzlichen Katastrophen mitbetroffen werden. Er kann dabei zum

Beispiel sein Leben verlieren, ohne dass es zur Entfaltung gekommen ist. Für den Gläubigen aber ist der Tod lediglich das Tor zu einer himmlischen Seligkeit in der Nähe eines absolut gerechten, Unglück jenseits des Lebens ausgleichenden Gottes (siehe die Seligpreisungen der Bergpredigt).

Lange Lebensstrecken von Unglück, von Behinderung, Erkrankung oder Siechtum können gleichzeitig Wege zur Reife, zur Läuterung und zur Bescheidenheit werden; ja, sie können, unter Umständen – wie die Hiobgeschichte in der Präambel aufzeigt – so etwas wie eine Auszeichnung für einen von Gott ganz besonders geliebten, besonders und tief gläubigen Menschen sein, eine Probe auf Glaubenstreue, die in der Anerkenntnis und Bejahung dieses Schicksals mit höchstem Segen und innerem Frieden bedacht wird, wenn es in Gottestreue gelebt und bestanden wird – so vermittelt es uns die Hiobsgeschichte ebenso wie die Pietà und eine große Zahl von Berichten über die Leidenskraft glaubenstreuer Menschen.

Jugendlichen sollten Geschichten über solche vorbildlichen Menschen erzählt werden. Oft gibt es sie sogar in der eigenen Familie, unter den Vorfahren, den Verwandten oder Freunden in der Gemeinde – und nicht zuletzt können die Märtyrer und Heiligen als Vorbilder großer Lebenserfüllung dienen.

M – Maria, Mutter aller Christen, ist Helferin in der Glaubenserziehung

Es steht ausser Frage, dass die Erziehung zum Glauben dort immer weniger gelingt, wo Maria nicht in sie einbezogen wird.

Christlichen Eltern, besonders aber den Müttern, fehlt einfach eine Stütze, eine stärkende Kraft, wenn man sie nicht in Anspruch nimmt; und es muss auch den Lutheranern immer wieder ins Stammbuch geschrieben werden, dass das unlutherisch ist, wie es jüngst der protestantische Theologe Wolfhart Schlichting in seinem Buch über Maria glücklicherweise bekräftigt hat, um auch den Protestanten neu zu der so notwendigen und biblisch begründeten Verehrung Marias zu verhelfen.

Wie sollen christliche Mütter in ihren schweren Entscheidungen zwischen Christentum und Zeitgeist ohne Stärkung durch Maria auskommen? Wie nötig haben sie das fraglose JA und die durchhaltende Mütterlichkeit dieser Frau als unsterbliches Vorbild besonders heute! Aber nicht nur in ihrer beschützenden Funktion für das hilflose Kind ist sie unaufgebbar; christliche Mütter brauchen sie auch, um von ihr zu lernen, wie man heranwachsende Kinder mit Gottvertrauen in ihre eigene Mündigkeit entlässt; denn das ist für mütterliche Frauen ja besonders schwer. Ihr Muttertrieb möchte nie die flüggen Vögel unter dem wärmenden Flügel herauslassen!

Mütter heranwachsender Kinder müssen freiwillig Verzicht leisten und ihren allmächtigen Bewahrungswillen aufgeben. Auch sie müssen ihre Kinder in die Freiheit eines unbehausten, gefahrenreichen Lebens entlassen, wie Gott-Vater jeden von uns Menschen! Schließlich sollen sie selbst den eigenen Lebensweg finden. Eltern dürfen ihn ebensowenig bestimmen, wie auch Gott ihn uns nicht apodiktisch vorschreibt. Die Vorstellungen der Eltern können unter Umständen der Bestimmung des Sohnes oder der Tochter widersprechen. Durch Auszug aus dem Nest nur lässt sich der persönliche Lebensauftrag erkunden und finden.

Eine solche Zurückhaltung schaffen wir Eltern nur durch die von Jesus an seine Mutter empfohlene Fügsamkeit, durch eine schicksalsgehorsame Akzeptanz: «Tut, was ER (= Gott) euch sagt», gibt sie christlichen Eltern erwachsener Kinder hier durch ihr Verhalten auf der Hochzeit zu Kana vor.

Wie erst lässt sich unumgängliches Mutterleid durchstehen, ohne hinaufzublicken zur Muttergestalt unter dem Kreuz; denn ihre Haltung dort verkörpert ein unangefochtenes Gottvertrauen selbst angesichts von Schicksal, welches das Herz ohne dieses gewiss brechen ließe. Maria zeigt allen Leidenden, dass denen, die Gott lieben, alle Dinge, selbst die unausdenklich furchtbarsten zum Besten dienen. Maria wurde von Gott – nach einem Leben in missionarischer Gemeinschaft mit den Jüngern – zur Himmelskönigin erhöht, wie sich in den Offenbarungen 12/8 nachlesen lässt.

Menschen im Leid werden deshalb durch das Aufschauen zu ihr mit Gottesnähe und Glaubenskraft beschenkt. Wer könnte so anmaßend sein wollen zu meinen, auf ein solches Vorbild und die Fürbitte durch sie in einer Zeit verzichten zu können, in der christliche Erzieher ihre Kinder durch so besonders dunkle Gefahren mit all den vielen neuen, noch keineswegs von der Medizin bezwingbaren Leiden durchzubringen haben?

Wie sinnvoll ist es, den Kindern von der großen himmlischen Mutter zu erzählen, von ihr mit ihnen aus dem herrlichen Schatz der alten Marienlieder zu singen – nicht nur zu Weihnachten – und die riesige Sammlung künstlerischer Darstellungen zu bewundern und sie den Kindern nahezubringen, damit sie sich in diese mütterliche Gestalt einkuscheln können, wenn ihre Seele friert, wenn sie sich allein fühlen. Ja, wieviel Herzenswärme dieser Art brauchen gerade die modernen Kinder, denen davon in der elektronischen Kälte unserer Welt mit ihren immer ferneren, immer mehr entmutterten Müttern immer weniger Marianisches zuteil wird!

Ihre schönste Blüte erlebte die Marienverehrung in der Ära der Stiefmutterkinder, deren leibliche Mütter so häufig im Kindbett starben. Auch heute, wo jede dritte Ehe geschieden wird, ist Stiefmutterzeit – nur anders; und immer mehr Kindern wird vom Trend ihr natürlicher Anspruch auf die Mutter verweigert! Stellen wir unseren Kindern doch mindestens die Wärme der himmlischen Mutter zur Verfügung! Legen wir sie Maria ans Herz – das ist gewiss mehr als all die teuren Ersatzkuscheltiere, die wir ihnen vom erarbeiteten Geld kaufen.

Es darf auch nicht vergessen werden, dass es manche Kindernot gibt, die so intim ist, dass es die Kinder nicht über sich bringen, davon den Eltern zu erzählen. Maria ist eine Ansprechpartnerin für Kinderleid und Frauennot. Nicht umsonst beschenkte uns Goethe mit dem Gedicht seines flehenden Gretchens im Faustdrama vor der Madonna im Kirchenschiff: «Ach neige, du Schmerzenreiche, Dein Antlitz gnädig meiner Not...»

N – Namen der Kinder mit Verstand aussuchen

Wir geben unseren Kindern Namen. Und jedes Elternpaar denkt sich etwas dabei. Die einen betonen die Tradition, indem sie den Kindern den gleichen Namen geben, wie sie ihn selbst oder einer der Voreltern tragen: Ein betonter Wille, man möge selbst in den Kindern weiterleben, und die Kinder möchten «Stammhalter» einer traditionsbewussten Familie sein, kommt darin zum Ausdruck.

Da Traditionsbewusstsein aus der Mode gekommen ist, gibt es freilich nur noch selten Motive dieser Art bei der Namensgebung. Andere Eltern eifern einem Vorbild nach, heute eher einem aus der Film- und Sportwelt als aus der Politikgeschichte oder der Kunst. Andere wiederum richten sich allein nach dem Klang und dem Zusammenklang mit dem Nachnamen. Typisch für die deutschen Kinder der Nachkriegszeit ist es, dass alte deutsche Namen immer seltener gewählt wurden.

Heute herrschen stattdessen bei uns mehrheitlich jüdische und christliche Namen vor. Das ist erfreulich, wenn damit leider auch noch keineswegs ausgesagt ist, dass christlicher Geist die Auswahl bestimmte. Eine Geburtsanzeige mit dem Text: «Michael, unser erstes Produkt, ist geboren», lässt kaum vermuten, dass die Eltern diesen Namen in dem Wissen gewählt haben, dass der Erzengel Michael im Auftrag von Jesus Christus den endgültigen Sieg über den Satan erringen wird und zu deutsch bedeutet: «Wer ist Gott gleich?»

Zahllos vertreten sind heute wieder Jüngernamen von Johannes bis Andreas, von Simon bis Philipp, von Thomas bis Peter. Und auch die Evangelistennamen Markus und

Lukas sind hoch im Schwange. Bei Mädchen wählt man häufiger alttestamentarische Namen. Sarah gibt's in jeder Menge. Auch Rebecca und selbst Judith kommen zunehmend vor. Und die Jungen ziehen zur Zeit ebenfalls alttestamentarisch nach: Daniel, Tobias, David, Jakob stehen hoch im Kurs, und auch die Heiligen kommen wieder: Stefan und Christopher, Benedikt und Nikolaus, Teresa, Agnes, Anna und Barbara sind längst zu neuem Leben erwacht. Am erstaunlichsten ist es, dass in den 90er Jahren Maria zu dem Vornamen wurde, den man am häufigsten wählte.

Der Schriftsteller Alfons Rosenberg hat uns die Vorstellung vermittelt, dass «jede Namenswahl aus einer Eingebung stammt – wenn auch aus verschiedener Herkunft». Aber selbst, wenn sie einer Modetendenz entstamme, sei sie nicht zufällig; denn schließlich zeigten gerade Moden verborgene neue Tendenzen an. Wie hoffnungsvoll ist diese Aussage für uns Christen!

Christlichen Eltern freilich sollte diese geheimnisvolle Nötigung zu einer bestimmten Namensgebung, wie sie uns in der Geschichte der Namensgebung des Täufers Johannes eindrucksvoll auch biblisch belegt wird, allein nicht genügen. Wünschen wir für unsere Kinder, dass bereits der Name ihnen wegweisendes Zeichen sei, so ist es sinnvoll, wenn wir uns mit Bibel und Hagiographie bewaffnet nach dem Leben und Handeln des oder der ersten großen Namensträger erkundigen.

Auch die eigentliche Bedeutung des Namens kann elterliche Wünsche für ihre Kinder beflügeln. Johannes zum Beispiel heisst aus dem Hebräischen übersetzt: «Gott ist gnädig», Joachim: «Jahwe richtet auf», Emanuel: «Gott mit uns», David: «Der Geliebte» und Daniel: «Gott ist mein

Wächter». Anna heisst «Gnade», Susanna «Lilie» und Sarah «Fürstin».

Fast alle der großen alten biblischen Namen sind geradezu bedeutungsschwanger, ja, manchmal ist in ihnen ein ausserordentlich hoher Anspruch enthalten. Zu hoch nach den Sternen sollten wir bescheidenerweise nicht greifen. Im deutschen Sprachraum nennt deshalb niemand seinen Sohn Jesus, seit sich Gott unter diesem Namen, «Jahwe ist Rettung, ist Heil», inkarnierte.

Aber auch die Namen von Bösewichtern vermeiden wir richtigerweise instinktiv. Es gab vermutlich keinen Pilatus mehr seit Christi Zeiten, ebenso wie keinen Judas, und unter den Jungbürgern der Bundesrepublik Deutschland wird sich wohl kaum noch ein Adolf aus der Nachkriegszeit finden lassen.

O – Orientierung an den zehn Geboten

«Die alte Moral ist tot», verkündeten am Beginn der siebziger Jahre unsere Befreier vom «Muff von tausend Jahren unter den Talaren»; sie sei nicht mehr zeitgemäß für den modernen Menschen. Er wurde bisher schließlich nur von einer Priesterkaste (gleich katholischer Kirche) und deren Herrschaftsgelüsten unterdrückt. Das sei jetzt vorbei. Der Mensch sei mündig geworden. Seitdem emanzipiert sich der moderne Mensch zur «Autonomie», das heisst, er bestimmt allein, was er für richtig und falsch hält; er macht, was er will.

Was ist nach dieser neuen Moral richtig, was ist falsch? Eigentlich mehr oder weniger gar nichts. Man handelt nach Belieben – nur sollte man sich dabei nicht ins eigene Fleisch schneiden und gelegentlich auch etwas verabredungsgemäß gemeinsam mit einer Gruppe beschließen, jedenfalls sollte man notfalls auch mal etwas mit jemandem bereden, ohne sich wirklich beeinflussen zu lassen – so tönt es.

Zwanzig Jahre lang ist man hierzulande auch in der Erziehung der Kinder voll in dieses Programm zur Selbstbestimmung und Selbstverwirklichung eingestiegen – über die Medien, die Schule und weitgehend unter der Beteiligung der evangelischen Kirche. Wie ist die Bilanz? Sie ist erschreckend negativ; denn immer größer wird die Zahl der jungen Menschen, die gänzlich orientierungslos ins Schleudern geraten sind.

1'600 Rauschgifttote zum Beispiel verzeichnet das Jahr 1996 in der Bundesrepublik Deutschland! Millionenfach sind Kriminalität und Süchte hochgeschnellt; 2 Millionen ungeborener Kinder wurden seit 1976 abgetrieben; jedes dritte Ehepaar wurde geschieden. 130'000 Scheidungswaisen entstehen pro Jahr. Die jungen Frauen werden immer kränker, immer unfruchtbarer. Der Lungenkrebs als Folge eines zu starken, zu früh begonnenen Tabakkonsums rafft Menschen in noch blühendem Alter dahin. Die tödliche Geschlechtskrankheit Aids grassiert. Es besteht kein Zweifel, dass der Mensch sich mit der Vorstellung seiner «autonomen Mündigkeit» enorm überschätzt und sich Unglück zuhauf eingehandelt hat.

Christliche Erzieher müssen das zur Kenntnis nehmen und daraus Konsequenzen ziehen. Die Richtung ist falsch, sie führt in die Orientierungslosigkeit, sie schwächt den Fortbestand des Ganzen in einer lebensbedrohlichen Weise. Umkehr tut not!

Die Erfahrung mit dem Befreiungsexperiment der vergangenen dreissig Jahre hat vor allem klar ersichtlich gemacht: Die Verteufelung der «alten Moral» war ungerechtfertigt. Und die Behauptung, sie sei nur zu Unterdrückungszwecken von der Kirche erfunden worden, ist nicht wahr, sondern eine diabolische Verführung von jungen Menschen unter Ausnutzung ihres berechtigten Bedürfnisses nach Befreiung von elterlicher Bevormundung, wenn sie herangewachsen sind.

Ja, an den negativen Ergebnissen mit der absolutgesetzten Selbstbestimmung zeichnet sich umso klarer die tiefe Wahrheit und die Unersetzbarkeit der moralischen Vorstellungen ab, wie sie der Bibel zu entnehmen sind und wie sie sich als gültiger Maßstab für das Verhalten der Menschen im christlichen Abendland bewährt haben. Wer klug ist, findet heute neu die Erkenntnisse der Bibel bestätigt: Der Mensch überschätzt sich, wenn er meint, allein nach Gutdünken handeln zu können. Er beginnt dann, mehr oder weniger seinem Egoismus zu folgen, der ihn rücksichtslos und maßlos werden lässt. Dabei kommt für die Gesamtheit nichts anderes heraus als Verfall und für den einzelnen Lebensunglück und oft auch ein unnötig früher Tod.

Die Bibel kennt den Menschen besser als der einzelne sich selbst mit seinen wilden Wünschen. Die Bibel ist in erster Linie Offenbarung über das Wesen Gottes, über den Sinn der Schöpfung und den Sinn des Menschenlebens in ihr; sie enthält darüber hinaus in ihrer letztgültigen, überzeitlichen Weise Empfehlungen für das Verhalten und die Orientierung des Menschen.

Diese Anweisungen wollen weder unterdrücken noch Entwicklung behindern, sie sind aus der Liebe Gottes für den schutzbedürftigen Menschen und in der Kenntnis seines Wesens, besonders aber seiner Schwächen und damit seiner Gefährdung, so und nicht anders dokumentiert. Gewiss enthält die Bibel auch einiges Zeittypische, Rankwerk, besonders in den Partien mit direkten Empfehlungen, das heisst also besonders bei Moses und bei Paulus.

An anderer Stelle werden ihre Lehrstücke in Form von Geschichten des Volkes Israel (besonders in den Kapiteln der Könige und der Richter) dargestellt. Manchmal im Alten Testament, besonders in der Genesis, sind sie mit einem mythischen Mantel umkleidet; aber grundsätzlich ist die Bibel das tiefste und wahrste Psychologiebuch mit Orientierungsmöglichkeiten für den Menschen, die ihm förderlich sind, und ihn zu einem sinnerfüllten Leben zu bringen vermögen, wenn er sich an sie hält. Dazu ist es freilich nötig, dass er sie versteht und in eine zeitgemäße Form umsetzt.

Die eiserne Ration der Bibel sind die zehn Gebote. Christliche Erzieher sollten sich auf sie verpflichten, sie ihren Kindern vorleben und sie ihnen spätestens im Jugendalter als einen Katalog für ihr Glück und ihren Schutz mit Nachdruck anempfehlen. Dabei ist es wichtig, ihnen zu verdeutlichen, dass die Gebote in einer Rangfolge geordnet sind.

Das erste Gebot: «Ich bin der Herr, dein Gott, du sollst nicht andere Götter haben neben mir», ist in der Tat das unumstößlichste, das allerhöchste Gebot: Nichts geht – so hat unsere Zeit neu und haben viele andere Berichte der Bibel bewiesen – wenn die Menschen sich nicht nach dem Herrn ausrichten. Und weiter sollten wir unseren Kindern im Jugendalter vermitteln: Wenn wir uns im Sinne dieser Gebote als Dienende im Auftrag des Herrn verstehen, dann beginnen wir uns bei allen unseren Planungen und Tätigkeiten zu fragen: Diene ich damit Gott? Komme ich damit seinem Lebensauftrag an mich nach? Nähere ich mich mit dem, was ich heute vorhabe, diesem Lebensauftrag an? Oder ist es nur Zeitverschwendung? Nur Unterhaltung, nur Zeittotschlagen?

Wenn wir im Bewusstsein haben und halten, dass Gott unser Herr ist, gewinnen wir die Fähigkeit, Wesentliches von Unwesentlichem zu unterscheiden, und wir merken dann auch bald, dass es befriedigend ist, das Wesentliche zu tun, während mit nutz- und wertlosen Dingen vertändelte Zeit uns unzufrieden macht und ein Gefühl von Schalheit und Leere entstehen lässt.

Ins Schleudern geraten wir darüber hinaus, wenn wir diesen Anspruch unseres Gottes, des Gottes der Liebe, der sich uns in Jesus Christus offenbart hat, in den Wind schlagen und andere Götter auf den Thron unseres

Lebenszentrums und unserer Lebensziele setzen. Die größte, immer neue fürchterliche Gefahr, die einer Austreibung aus dem Paradies gleichkommt, heisst, den Menschen selbst als Schmied des eigenen Glückes mit all den schicken neuen Erfindungen, mit all den Träumen von Idealen selbstgemachter Gesellschaften zum höchsten Prinzip zu ernennen. Seit Adam und Eva versuchen wir das privat und als Völker immer wieder mit den traurigsten Resultaten. Das jüngste Beispiel ist das Scheitern des atheistischen Marxismus, der statt des Arbeiterparadieses nur blutrünstige, ausbeuterische Diktaturen zustande brachte.

Der zweite inthronisierte Götze ist das Geld, ist die Gier nach Besitz anstelle Gottes, jenes goldene Kalb, um welches das auserwählte Volk zu Moses' Zeiten exemplarisch für uns alle zu tanzen begann, kaum dass es die größte Existenznot hinter sich gebracht hatte. Und wie sehr haben wir Deutschen jenseits des Krieges diesem Götzen mit dem großen Wirtschaftswunder wieder zu frönen begonnen!

Neumodisch sind für unsere Jugendlichen heute darüber hinaus irrlichtige Angebote zu vielerlei alt-neuen Götzen: Am bedenklichsten ist die Inthronisation der Natur; denn diese ist als Gottes Schöpfung zum Wohl des Menschen, aber nicht zur Herrschaft über die Menschen bestimmt. Deshalb heisst es in der Genesis als Anweisung an die Menschen: «Macht euch die Erde untertan» – und das heisst, in Liebe und Ehrfurcht als gute Gärtner Gottes in seinem Garten die Natur draussen ebenso wie die Natur in uns selbst zu pflegen und zu zähmen.

Die Inthronisation und Anbetung von Naturgöttinnen wie Astarte und Aschera werden in der Bibel von Gott als Ehebruch der Menschen mit ihm bezeichnet. Die Natur in sich selbst zur Alleinherrscherin zu machen, lässt den Menschen brutal werden. Die Natur ist immer egozentrisch, sie geht über Leichen und ist von unbarmherziger Durchsetzungskraft.

Der Gott der Liebe will die Natur als sorgfältig gepflegte und kultivierte Basis unseres Lebens – nicht als höchstes Prinzip. Deshalb sind auch die Vorstöße der sogenannten feministischen Theologie Verstöße gegen das erste Gebot. Sie zersetzen, statt aufzubauen und huldigen allem unchristlichen Machtanspruch der Frauen über die Männer. Besonders junge Mädchen brauchen hier durch christliche Erzieher eine bewusstseinserhellende Information, um nicht diesen Sirenenklängen zu verfallen.

Falsche Götter sind für Christen auch die Götter anderer Religionen. Weil unsere Erde so klein wird, weil wir durch den Zustrom von Ausländern in der Bundesrepublik vor allem mit dem Islam immer häufiger in direkte Berührung kommen, gibt es bei kirchlichen Mitarbeitern unter den Anhängern einer unzulässig und zu weit liberalisierten Tendenz so etwas wie einen Trend zur Glaubensvermischung.

Kürzlich sagte eine Berliner Oberkirchenrätin im Fernsehen, der Ausspruch von Jesus Christus: «Ich bin der Weg, die Wahrheit und das Leben», könnte so apodiktisch für unsere Kinder nicht mehr aufrechterhalten werden. Das entspräche einem hypertrophen Anspruch der Christen auf den Besitz der letztgültigen Wahrheit. Auch diese Kirchenvertreterin übertrat so das erste Gebot und zeigte, dass sie wohlmeinend einer Irrlehre anheimgefallen war. Die Bibel ist eine ausführliche geschichtliche Dokumentation darüber, dass der Gott der Liebe der alleinige Gott für alle Menschen ist, dass er der Herr ist. Daraus leitet sich ein Missionsauftrag ab, den Christus selbst artikuliert hat und gewiss auch Toleranz gegen Angehörige fremder Religionen, der aber nicht die Erlaubnis zur Assimilation fremder Götter beinhaltet.

Von christlichen Erziehern muss den Jugendlichen diese Gefahr mit Entschiedenheit nahegebracht werden und mit biblischem Beweismaterial unterlegt werden.

Andere Götter kommen auf die junge Generation auch in der buntschillernden Schar neuer Götzen zu, die unter dem Begriff New Age subsumiert sind. Hier ist zwar nichts wesenhaft Neues in Sicht, aber die Belebung alter grenzüberschreitender Zauberkulte von der Astrologie bis zur Wahrsagerei, vom Kontakt mit Verstorbenen und Angehörigen der Geisterwelt einschließlich von dämonischen spiritistischen Sitzungen bis zur Reaktivierung von Hexenkulten und Teufelsbeschwörungen aus dem Mittelalter.

Wenn hier auch meist eher Scharlatanerie und geldschneiderischer Betrug grassiert, so müssen die Kinder christlicher Eltern doch davor gewarnt werden, sich aus Neugier auf dergleichen einzulassen. Für Christen ist das Kokettieren und Experimentieren mit der Beschwörung von Geistern eine unzulässige Grenzüberschreitung. Nicht zuletzt Goethe hat uns die dadurch entstehende Gefahr der Selbstzerstörung und des Wahnsinns im ersten Akt seines Faustdramas eindrucksvoll verdeutlicht.

Der Gott der Christen hat seinen Kindern empfohlen, diese Türen bescheiden geschlossen zu halten, indem er ihnen zuruft: «Lass dir an meiner Gnade genügen!» Das erste Gebot gilt auch hier als eine seelisch gesunderhaltende Schranke des Schutzes eines wissenden, gütigen

Vaters für seine vorwitzigen, neugierigen, unwissenden Kinder. Dass besonders dies das erste Gebot für unsere Jugendlichen heute bedeutet, muss ihnen vermittelt werden.

Auch das zweite Gebot: «Du sollst den Namen des Herrn, deines Gottes, nicht missbrauchen; denn der Herr wird den nicht ungestraft lassen, der seinen Namen missbraucht», muss in seiner besonderen Bedeutung für das heutige Leben der Christen den Jugendlichen interpretiert werden. Von manchen streng Gläubigen wird das Gebot gegen den Namensmissbrauch unseres Gottes missverstanden. Sie zählen, wie oft Mitmenschen etwa «oh Gott» ausrufen, und sie verpönen sowohl das «Grüß Gott» der Bayern wie das norddeutsche «Tschüss»; schließlich sei das eine eingedeutschte Verballhornung des französischen «à-dieu» (auf zu Gott!) als Abschiedsgruß.

Mitleidig schauen die Missbrauchsjäger so auf die leichtfertigen Missbraucher (denn die göttliche Strafe ist ihnen, so meinen sie laut Aussage des zweiten Gebots, gewiss). Erkennen sie, dass sie mit diesem ihrem moralischen Zeigefinger eher selbst gefährdet sind? Denn gewiss ist mit dieser Missbrauchsthese nicht ein freundlich frommer Gruß gemeint, der in Bayern eigentlich besagt: «Ich grüße dich in Gottes Namen», und in Frankreich: «Sei Gott befohlen» als ein besonderer segnender Abschiedsgruß. Viel eher ist die pharisäische Bedrohung von Mitmenschen mit Berufung auf Gottes Strafgericht eine eigensüchtige Selbsterhöhung – und somit einer Übertretung des zweiten Gebotes viel näher als die Gemaßregelten selbst.

Vor perfider Scheinheiligkeit soll vielmehr mit dem zweiten Gebot gewarnt werden. Bösen Verstoß gegen das zweite Gebot praktizierte in diesem Jahrhundert z.B. Hitler mit seinem endlosen Gerede über die ihm zur Seite stehende «Vorsehung».

Durch solchen Missbrauch Gottes hat Hitler Millionen gutartiger Menschen, besonders auch von Amtsträgern der Kirche, getäuscht und verführt. Scheinheiligkeit ist eine besonders große Gefahr für Christen. Vor ihr sollten Erzieher eindringlich warnen und vor allem sich selbst vor ihr zu bewahren suchen. Deshalb ist diesem Problem ein besonderes Kapitel gewidmet. (Siehe Kapitel S = Scheinheiligkeit ist kein Weg zum Glauben.)

Auch das dritte Gebot – du sollst den Feiertag heiligen – bedarf neuer intensiver Besinnung; denn was für einer Verwilderung haben wir uns in den vergangenen zwanzig Jahren diesem Gebot gegenüber ausgesetzt! Was macht der Bundesbürger am Wochenende? Er jagt Vergnügungen nach, zu denen er per Werbung verlockt wird. Das kann manchen guten Sinn haben, wenn Gefühlsvertiefung angestrebt wird.

Aber wie selten kommt es hier überhaupt zu bewusstem Fragen nach dem Sinn der Freizeitbetätigung. Man schwimmt unnachdenklich im Strom der Angebote, gleich ob man sich in einem Fußballstadion die Lunge aus dem Hals brüllt oder ob man sonst einen zu Geschäftszwekken inszenierten Rummel besucht.

Das Ausruhen von einer anstrengenden Arbeitswoche, das Atemholen zu neuem Dienst – das ist dem 3. Gebot eher angemessen, wenn damit die Heiligung des Feiertags auch noch nicht voll erfüllt ist. Den Sonntag heiligen ist mehr – und nicht umsonst steht dieses Gebot an der dritten Stelle. Es empfiehlt, sich Gott zuzuwenden, ihm in Stille, in Andacht, in Anbetung nahe zu sein; weniger aktiv wie in der Alltagswoche, sondern mehr besinnlich, nachdenklicher, auf den Schöpfer ausgerichtet. Gottesdienst in Gemeinschaft ist dem gewiss förderlich; aber das Gebot meint gewiss nicht, dass die Heiligkeit des Feiertags damit wie eine lästige Sonntagspflicht heruntergebetet und abgehakt sein will.

Vielleicht ist Heiligkeit durch die Fahrt auf einen hohen Berg, an den Strand des Meeres, in die Tiefe eines verschwiegenen Waldes ebenso oder sogar mehr im Sinne des Gebotes. Und auch der stille Rückzug auf einen Sonnenplatz oder an einen Fluss, einen See kann Gottesdienst sein. Das Gebot der Heiligung des Feiertags meint vor allem die konzentrierte Hinwendung zum Herrn und legt sie uns als eine Angelegenheit von hoher Wichtigkeit ans Herz.

Wie aber sollen wir dergleichen als christliche Erzieher andeutungsweise mit unseren Kindern verwirklichen? Noch in der Mitte dieses Jahrhunderts wurden die Kinder wenigstens an den Sonntagen festlich gekleidet, und es gab (zum Lob des Herrn und zum Schrecken der Hausfrau) ein Sonntagsfestessen mit Dessert am Mittag und Kuchen am Nachmittag. Aber auch diese Festlichkeit des Sonntags war oft bereits ihres besonderen Sinns entleert und wurde den Kindern von nicht mehr praktizierenden Christen gar nicht weiter ins Bewusstsein gebracht.

Deshalb ist es sinnvoll, sich in christlichen Familien neu um eine festliche Sonntagsatmosphäre zu mühen. Kinder sollten erleben, dass zumindest einer der Eltern zum Gottesdienst geht, und sie sollten sich anschließen dürfen, wenn sie das wollen. Im weiteren Verlauf des Tages sollte der Versuch gemacht werden, auch weiterhin Sakrales nicht ganz ausser acht zu lassen, etwa indem man

Hausmusik macht, entsprechende Lieder singt, oder zum Beispiel eine kindgemäße, bzw. jugendgemäße Geschichte mit glaubensnahem Inhalt vorliest. An den großen Festen ist das einfacher – besonders zu Weihnachten.

Aber auch Ostern sollte in der Familie nicht nur das Fest des Eiersuchens und der verdorbenen Mägen sein, sondern vielmehr sollten Kindern christlicher Eltern am Abend dieses Festes wieder neu erlebt haben, dass wir seit diesem Tag der Auferstehung des Herrn wissen, dass wir nicht zu sterben brauchen. Dieser Zusammenhang als der eigentliche Grund der Festfreude sollte bewusst gemacht werden.

Den Feiertag zu heiligen – das ist in unserer hektischen Welt selbst für sehr bewusste christliche Erzieher schwer geworden. Aber es würde uns schon helfen, wenn wir die Sonntage nicht prinzipiell mit sinnlosen Zerstreuungen ausfüllen würden. Auch die Kontakte zu anderen sollten nicht überhandnehmen.

Gewiss ist es sinnvoll, am Sonntag Menschen aufzusuchen, die uns brauchen oder denen wir damit eine Freude machen; aber Kaffeeklatsch nur um des Schwätzens willen, ist der Heiligkeit des Feiertags nicht gemäß und ist darüberhinaus häufig familienfeindlich, weil es die Kinder zwingt (nur allzu oft mit dem Fernsehapparat), sich selbst überlassen zu sein.

Beim vierten Gebot: «Du sollst deinen Vater und deine Mutter ehren, auf dass du lange lebest in dem Lande, das dir der Herr, dein Gott, gibt», werden moderne christliche Erzieher heute manchmal sogar bereits unruhig. Einige stellten auf einem Evangelischen Kirchentag sogar den Antrag, dieses Gebot zu streichen, weil es moderne Jugendliche zu sehr einenge. Es muss angenommen werden, dass die Antragsteller über den Schutzsinn des vierten Gebotes nicht hinreichend orientiert waren. Vater und Mutter zu ehren, selbst wenn die Jugendlichen Fehler und Fehlverhalten an ihnen entdeckt haben, ist ein Gebot der Klugheit und des Anstands, der sich auszahlt. Christliche Erzieher sollten Jugendlichen bewusst machen, dass sie selbst voller Fehler und mitnichten untadelig sind, dass man die Jugendlichen selbst auch der Verachtung anheimgeben könnte, wenn alle ihre kleinen und großen Unvollkommenheiten auf die Goldwaage gelegt werden würden.

Man sollte ihnen auch verdeutlichen, dass sie selbst einst niemals werden Elternschaft praktizieren können, ohne selbst Fehler zu machen. Dann freilich würden sie auch erst ermessen können, was für ein Opferdienst, was für ein hoher Wert Familientätigkeit überhaupt ist. Eltern für ihren jahrzehntelangen Einsatz zu ehren, sei also ein Gebot der Fairness und bei liebevollen Eltern ein selbstverständliches Bedürfnis nach Erwiderung ihrer Liebe.

Und selbst in den Fällen, in denen die Eltern aus welchen Gründen auch immer es versäumt haben, ihre Kinder mit warmherziger Liebe zu beschenken, sollten sich die Kinder darum bemühen, die Eltern wenigstens zu respektieren und in den Fällen eines tragischgen Versagens sie mit Mitleid zu bedenken.

Das vierte Gebot unseres Gottes legt aber hier den Hauptakzent auf die Verheissung von Zukunft als Folge einer positiven Einstellung zu den Eltern. Was ist damit gemeint?

Ein langes Leben, so denkt mancher Firmling heute, könnte man doch wohl eher erwarten, wenn man sich gesund ernähre und sich in die Obhut der so tüchtig gewordenen Mediziner begäbe. Das vierte Gebot umfasst zwar auch dies (zumal das Ehren der Eltern das Hören und Befolgen ihrer liebevollen Ratschläge mitmeint); aber vor allem rät Gott seinen Kindern hier, die Erfahrung – sicher nicht nur des leiblichen Vaters und der leiblichen Mutter allein –, sondern die tradierte Lebenserfahrung der Generationen von Vorvätern und Vormüttern nicht in den Wind zu schlagen. Besonders wenn man das vierte Gebot in dieser Weise erweitert, wird deutlich, wie brandnötig wir es heute haben!

Wie leichtfertig glaubte die sogenannte «neue Moral» mit der Tradition brechen zu können! Wie wenig wurde hier noch erkannt, dass Tradition schließlich eine Kristallisation von Verhaltensregeln beinhaltet, die sich als Garanten einer langen segensreichen Geschlechterfolge bewährt haben!

Christliche Eltern und Großeltern lieben ihre Kinder, ihre Enkel. Ihnen liegt daran, dass sie Zukunft haben und selbst Zukunft in Frieden, Freiheit und Glück für weitere Nachkommen mit vorbereiten. Lässt man den Voreltern die Ehre zukommen, die ihnen gebührt, vergisst man sie nicht, nachdem man ausgeflogen ist, so können sie den Jungen mit weisem Rat aus der Erfahrung noch vielfältig zur Seite stehen.

Gewiss lässt sich elterlicher Rat nicht immer und in allen Fällen einfach übernehmen, aber es lohnt sich, ihn zu bedenken und die Argumente zu hinterfragen. Liebevoller Rat ist selten destruktiv. Jugendlichen sollte von christlichen Erziehern geraten werden, ihre Eltern bei gravierenden Entscheidungen zu befragen und eventuell dann auch von ihnen ohne Hochmut eine Begründung ihrer Ratschläge zu erbitten. Nicht immer sind diese dazu fähig, was keineswegs gegen die Qualität des Rates spricht.

Auf jeden Fall aber lohnt es sich für die Jugendlichen zuzuhören, was die Älteren jetzt vorbringen, damit die Jungen begreifen, wie die Älteren zu dieser Meinung gekommen sind. Sehr häufig zeigt sich dann, dass die Ratschläge auf der Erfahrung eigener halsbrecherischer Irrwege erwachsen sind, die sie den Jüngeren aus Liebe ersparen möchten.

Der Bruch mit der Tradition in der Erziehung der vergangenen Jahre hat hier in der Bundesrepublik Deutschland häufig Jugendliche dazu verführt, die Tür zu einem Elternhaus, das sie – durch Medien und Schulbücher aufgehetzt – als unerträglich erlebten, zu früh und zu hart zuzuschlagen, so dass sie einem orientierungslosen Schleudern verfielen. Christliche Erzieher müssen Gefahren dieser Art im Auge haben und ihre Kinder rechtzeitig davor warnen, vor allem, indem sie ihnen verdeutlichen, dass die Befreier vom vierten Gebot in den seltensten Fällen wirklich darauf aus sind, den Jungen konstruktiv zu einem erfüllten Leben zu verhelfen, sondern sie viel eher in einen Sumpf hineinzuziehen suchen, in dem die Verführer selbst sitzen. (Konkrete Orientierungshilfen finden sich in Briefform in meinem Hänssler-Taschenbuch: Kraft, aus der du leben kannst.)

Das fünfte Gebot «Du sollst nicht töten» scheint seelisch gesunden Menschen heute im allgemeinen glücklicherweise noch selbstverständlich zu sein. Wir Menschen – so haben uns die Verhaltensforscher gelehrt – besitzen natürlicherweise eine Tötungshemmung gegen unsere Artgenossen. Sehr wichtig ist es für christliche Erzieher heute, die Jugendlichen darüber zu informieren, dass auch ungeborene Kinder bereits Artgenossen sind, «Mensch von Anbeginn an», wie es uns der große Embryologe

Blechschmidt als Resultat seiner Forschung ins Stammbuch geschrieben hat. Weil wir heute durch unsere tüchtige Medizin wissen, dass der Mensch schon neun Wochen nach seiner Zeugung ein schlagendes Herz sowie ein funktionsfähiges Nervensystem hat und schmerzfähig ist, ist die Information, dass bei uns jährlich viele Tausende Ungeborener ohne Betäubung getötet werden, dass Herz und Hirn zum Stillstand gebracht, dass sie verätzt, ausgeschabt oder zerstückelt werden, eine notwendige Information für Jugendliche ab dem 16. Lebensjahr geworden; denn sie müssen als Christen gefeit werden gegen Versuchungen dieser Art, zumal die Tötung Ungeborener vom Gesetz her möglich, zugelassen und durch Finanzierung praktisch legitimiert worden ist.

Christliche Erzieher müssen Jugendliche wissen lassen, dass es für Frauen, die ungewollt schwanger geworden sind, ein hilfreiches Netz von christlichen Organisationen gibt, die mit großem Einsatz helfen, dass Mütter ihre Kinder ohne Not aufziehen können.

Wichtig ist es auch, im Zuge des fünften Gebots jungen Mädchen mitzuteilen, dass eine Abtreibung, weil sie Tötung ist, schwere Schuldgefühle hervorruft – heute viel mehr als früher, weil wir jetzt das eben Gesagte wissen. Das fünfte Gebot als eine Empfehlung Gottes muss auch in diesem Sinne heute besonders ernst genommen werden; denn da jeder Mensch nun einmal eine persönliche Schöpfung Gottes ist, ist seine Tötung eine persönliche tiefe Kränkung für IHN, die deshalb auch zentral gegen das Gebot von Jesus Christus, Gott-Vater zu lieben, verstößt. Jede Tötung eines Artgenossen ist eine Grenzüberschreitung des Menschen, eine Anmaßung über das Lebensrecht des anderen. Dieser Bereich muss der alleinigen Verfügung unseres Gottes vorbehalten bleiben. Anmaßung dieser Art wirkt zerstörerisch auf die seelische Gesundheit des einzelnen wie auf den Fortbestand der Gemeinschaft. Das müssen moderne Jugendliche von ihren christlichen Erziehern heute erfahren.

Eine Einschränkung des Gebotes: «Du sollst nicht töten», gibt es allein in der verteidigenden Notwehr angesichts von mörderischen Angreifern. Das ist biblisch vielfältig belegt und rechtfertigt für christliche junge Männer den Wehrdienst. Sie als «potentielle Mörder» zu bezeichnen, weil sie ihrer staatsbürgerlichen Pflicht nachkommen und durch ihre Verteidigungsbereitschaft der Erhaltung des Friedens dienen, ist Verdrehung des fünften Gebotes und der biblischen Empfehlung zur Staatstreue. Auch dies sollten christliche Erzieher den 18jährigen nicht verschweigen.

Das sechste Gebot, «Du sollst nicht ehebrechen», kann für unsere junge Generation nur dann neu die Bedeutung bekommen, die ihm zusteht, wenn sich christliche Erzieher selbst daran halten. Im Kapitel E über die Ehe ist hier schon einiges ausgeführt worden. Wichtig für christliche Erzieher ist es zu erkennen, dass sich die liberalistischen Konzepte unter dem Schlagwort: «Freiheit in der Ehe», nicht bewährt haben.

Sich gegenseitig Kontakte mit anderen Partnern zu erlauben, hat in der Mehrzahl der Fälle zur Zerrüttung der Ehe und zur Zerstörung der Familie geführt. Die Vorstellung, dass das so sichere Verhütungsmittel Antibabypille neue Freiheiten rechtfertige, hat sich als Trugschluss erwiesen. Die Versuchungen der Verheirateten sind so multipliziert worden und haben damit den Scheidungsboom und die Zunahme von Geschlechtskrankheiten erwirkt.

Nicht nur diese Bilanz haben christliche Erzieher den ins Leben startenden jungen Menschen heute zu vermitteln, sondern im Kontext damit auch, wie wenig sich die vorehelichen sexuellen Beziehungen als Glücksbereiter bewährt haben.

Es darf jungen Mädchen heute nicht verschwiegen werden, wie die Pillenbilanz der Gynäkologen aussieht: Dass die Quoten von Gebärmutterhalskrebs bei jungen 25- bis 35jährigen Frauen – hervorgerufen durch vielen und sehr früh begonnenen Geschlechtsverkehr – dramatisch zugenommen haben; und sie sollten durch christliche Erzieher erfahren, wie sehr die modische Ehescheu in sexuellem Überdruss und negativen schmerzvollen Erfahrungen mit noch unreifen Beziehungen ihre Ursache haben.

Freilich ist es nötig, dass christliche Erzieher auf diesem Sektor nicht mit schriller moralisierender Holzhammermanier vorgehen, sondern dass der gute Rat auf viel Verständnis für das Bedürfnis nach seelischer Gemeinsamkeit mit einem nahen geliebten Menschen aufbaut. Natürlich ist es sinnvoll, hier zu fördern, zuzustimmen, Freund oder Freundin mit in die Familie einzubeziehen (siehe auch meine Taschenbücher «Unsere Kinder wachsen heran» und «Ich will leben» im Verlag Weisses Kreuz); aber dennoch sind Gespräche, mit Informationen über die Situation heute, von großer Dringlichkeit.

Junge Mädchen müssen neu lernen, dass sie in ihrem Leib ein kostbares Gefäß haben (mit einem Verschluss!), das auf eine heilige Aufgabe wartet: Dass Zukunft in ihm wachsen kann. Mit einem solchen heiligen Gefäß spielt man nicht leichtfertig, man setzt es nicht unnötig Gefahren aus, wie es zum Beispiel die Einsetzung einer Spirale ist (sie bewirkt häufig Eileiterentzündungen, die unfruchtbar machen). Und christliche Mädchen müssen auch wissen, wie groß die Gefahren heute sind, mit Geschlechtskrankheiten, ja, mit Aids infiziert zu werden.

Eine solche Information kann natürlich nur wirksam werden, wenn die Erziehung zum Glauben bei den Jugendlichen gewissermaßen bereits eingeschlagen hat. Wie sonst könnte eine Mutter ihrer 16jährigen Tochter glaubhaft machen, dass sie durch ihre Möglichkeit, gesunde Kinder auszutragen und sie zu erziehen, eine von Gott besonders Beauftragte und Ausgezeichnete werden könnte? Solche Akzentsetzungen haben nur Aussicht auf Erfolg, wenn die Tochter die Mutter als eine ihre Mutteraufgabe bejahende Frau erlebt hat und wenn diese durch ihren Einsatz ein Vertrauensverhältnis zu ihrer Tochter aufgebaut hat.

Gespräche über die neuen Notwendigkeiten der Sexualmoral sollten auch ausserhalb des Elternhauses in Gemeinden und von kirchlichen Betreuern durchgeführt werden. Von allergrößter Wichtigkeit ist es freilich, dass man damit nicht erst beginnt, nachdem das Kind gewissermaßen bereits in den Brunnen gefallen ist. Es ist auch sinnreich, hier zusätzlich hilfreiche Bücher zu verwenden, die es in großer Zahl und mit vorzüglicher Information in christlichen Verlagen gibt (Christiana-Verlag, Weisses Kreuz, Brunnenverlag). Besonders gut eignet sich das bei Brockhaus erschienene Heftchen: Warum bis zur Ehe warten, (herausgegeben von dem Frauenarzt Dr. Wolfgang Furch, 1989).

Das siebte Gebot, «Du sollst nicht stehlen», wie auch das neunte und zehnte Gebot, die das siebte gewissermaßen konkretisieren, rät uns, das Eigentum unserer Mitmenschen zu achten. Eigentlich sollte man meinen, für uns im Wohlstand bedürfte dieses Gebot einer besonderen Betonung durch christliche Erzieher nicht.

Aber leider ist das Gegenteil der Fall. Die Kinder und Jugendlichen in der Bundesrepublik Deutschland sind laut Statistik heute viel mehr gefährdet, unerlaubt fremdes Eigentum an sich zu nehmen, als je in den Gesellschaften einer Zeit vorher. Das liegt zu einem erheblichen Teil daran – und die Psychologie weiss das seit vierzig Jahren –, dass seelisch ungesättigte oder unzureichend gepflegte Kinder Habgier als Charakterzug entwickeln; das heisst, sie haben einen Hang zum Neid und zur Unersättlichkeit, weil ihre Seele nach Zuwendung, Anerkennung und Liebe hungert.

Zum zweiten wird diesen Tausenden von Seelenhungrigen in den Kaufhäusern heutzutage materieller Ersatz in lockerer Fülle verführend hingehalten, und drittens wurde im Zuge marxistischer Unterwanderung den Kindern und Jugendlichen mehr oder weniger deutlich gemacht, dass das Recht auf Eigentum eigentlich unzulässig sei (weil allen eigentlich alles gleichermaßen gehöre...!).

In bezug auf die Achtung des Eigentums wurde das Gewissen der jungen Bundesbürger mehr und mehr pervertiert, was durch eine laxe Gerichtspraxis zusätzlich verstärkt wurde. Eine entscheidende Möglichkeit zur Minderung unserer millionenfachen Dicbstahls-, Raub- und Eigentumskriminalität wird sich ganz gewiss nur dann ergeben können, wenn wir uns zu einer Erziehung der verlässlichen Liebe bekehren, wie sie hier in den ersten Kapiteln beschrieben worden ist. Nur wer seelisch satt ist, entwickelt in sich das Bedürfnis, eher zu geben und zu teilen, als zu haben und wegzunehmen («umverteilen» nennen es die politisierten Neider). Geliebte Kinder haben wenig Schwierigkeiten zu begreifen, dass andere traurig werden, wenn man ihnen ungefragt etwas wegnimmt. Kinder, denen nicht in der Tiefe seelischer Mangel zuteil wurde, haben keine Lust, anderen Mangel zuzufügen.

Wenn Kinder stehlen, die in seelisch satt werdender Weise groß wurden, müssen diesem Verhalten Erlebnisse tiefer innerer Verluste vorausgegangen sein. Gelegentlich geschieht das, wenn neue Geschwister geboren werden, oder sich Eltern mehr mit fremden Kindern beschäftigen als mit ihren eigenen.

Gelegentlich kann sich eine solche Stimmung nach harten Strafen einprägen, die das Kind glauben lässt, nun die Liebe seiner Eltern für alle Zeit verloren zu haben. Liebevolle Orientierung am siebten Gebot bedeutet für christliche Erzieher, immer zuerst darauf bedacht zu sein, Habenichtsprägungen durch liebevolle Mühewaltung besonders in der frühen Kindheit vorzubeugen.

Orientierung am siebten Gebot bedeutet aber auch, Eigentumsdelikte von Kindern als ein Symptom zu sehen, das die Eltern anstoßen sollte, ihre eigene Umgangsform mit dem Kind zu hinterfragen. Darüberhinaus ist es freilich auch nötig, gemeinsam mit dem Kind, den Übergriff wieder rückgängig zu machen und die Ordnung wieder herzustellen; aber immer mit dem Bemühen um ein Verstehen und mit der Bereitschaft zu verzeihen.

Christliche Eltern sollten es ihrem Kind aber unter keinen Umständen ermöglichen, sich in die diebische Haltung einzugewöhnen. Sie sollten sich zwar grundsätzlich um mehr Nähe zu ihrem diebischen Kind mühen, aber die Stehlneigung nicht dulden. Darüber hinaus sollten Christen mit sich auch in kleinen Dingen hier niemals lax sein, sondern den Kindern eine korrekte Haltung vorleben. Jugendliche müssen hören, dass jeder Mensch ein Nächster ist, den Christus uns zu lieben geboten hat. Wen man liebt wie sich selbst, dem nimmt man nichts weg, weil das seine Würde verletzt. Und nur, wenn man so mit seinem Mitmenschen umgeht, kann man hoffen, ähnlich respektvoll behandelt zu werden – das sollte Kindern und Jugendlichen christlicher Eltern in der Bundesrepublik Deutschland unbedingt verdeutlicht werden.

Das achte Gebot: «Du sollst nicht falsches Zeugnis reden wider deinen Nächsten», wendet sich gegen die Verleumdung gewiss nicht nur vor Gericht, sondern auch gegen die durch üble Nachrede, die andere herabsetzt und ihrem Ruf schadet. Die Beachtung dieses Gebotes ist in der christlichen Erziehung von großer Wichtigkeit. Vor allem aber können wir nicht hoffen, dass unsere Kinder ein Sensorium für das Niederträchtige der Verleumdung entwickeln, wenn wir ihnen darin nicht sehr sorgsame Vormacher sind.

Wie sehr hat uns Christus gemahnt, unsere Zunge zu hüten! Der verleumderische Klatsch gehört zu den triebhaften Bedürfnissen der Selbstbehauptung und Selbsterhöhung. Deshalb pflegen wir ihn mit so großer Lust. Unsere Gesellschaft ist vor allem durch manche Medien, die verleumderischen Klatsch pflegen, weil sich das so besonders gut verkauft, auf ein elend unchristliches Niveau abgesunken. Helfen kann hier unseren Kindern kaum die verbale Belehrung. Wichtig ist die immer wache Selbsterziehung der christlichen Erzieher. Erst dann haben wir überhaupt ein Recht, unsere Kinder zur Ordnung zu rufen, wenn sie sich verleumderischer Reden bedienen.

Jugendliche aus christlichen Elternhäusern müssen heute dort erfahren, dass höchste Wachsamkeit, ja Misstrauen angebracht ist, wenn Amtsträger der katholischen Kirche oder auch christliche Laien öffentlich mit lauter Kritik belegt werden. Sehr häufig handelt es sich gerade hier um Verleumdungskampagnen. Sie sollen verhindern, dass unaufgebbare Wahrheiten weiter befolgt werden, wie z.B. die Einehe auf Lebenszeit, die Notwendigkeit von Familie und persönliche Opferbereitschaft für die Kinder. Dass Wahrheit nicht durch Mehrheitsbekundungen entsteht, ja, dass sie meistens bei der Minderheit zu finden ist, sollte Wegweiser für Jugendliche sein.

Auch Mahnung zur Wahrhaftigkeit beinhaltet das achte Gebot. Aber nur, wo durch liebevolle Verlässlichkeit Vertrauen ins Elternpaar aufgebaut wurde, kann erwartet werden, dass bei den Sprösslingen die Kraft zu einer offenen Wahrhaftigkeit wächst. Wer den anderen täuscht, misstraut ihm, oder er will ihn schonen. Kindern christlicher Erzieher muss aber vermittelt werden, dass eine bewusst lügenhafte Täuschung der anderen wie eine ausgeschlagene Hand ist, die dem berechtigten Bedürfnis des anderen nach brüderlicher Ehrlichkeit widerspricht.

Erziehung zur Wahrhaftigkeit schließt ein, den Kindern zu vermitteln, dass es Ehrensache ist, gegebene Versprechen zu halten; aber auch hier wirkt das Vorbild nachhaltiger als verbale Belehrungen.

Grundsätzlich ließ sich – so hoffe ich – zeigen, dass wir der Orientierung an den zehn Geboten heute dringend bedürftig sind. Sie stellen nun einmal sinnreiche Schutzzäune dar. Sie den Kindern vorzuenthalten, heisst, sie verantwortungslos der gefahrenreichen Wildnis des modernen Lebens auszusetzen.

P – Pfarrer – Pastoren – Papst: Zu welcher Einstellung die Kinder erziehen?

Wenn uns in meiner Kindheit zu Hause der Pfarrer besuchte, ging mein Vater ihm entgegen und beugte sich, während sie einander begrüßten, tief, fast bis auf seine Hände hinab. Uns Kindern wurde in der Schule durch unsere mit dem Nationalsozialismus identifizierten Studienräte solches Beugen freilich ausgetrieben. Durch Indoktrination der Jugend wurde ein fundamentaler Bruch mit großer christlicher Tradition vollzogen.

Später ist mir aufgegangen, dass mein Vater, einer der Spätgeborenen des 19. Jahrhunderts, zur letzten Generation gehörte, welche die Kontinuität der ehrfürchtigen Einstellung zu den Amtsträgern der Kirche gepflegt und erhalten hatte: Den Pfarrer in der direkten Nachfolge als Stellvertreter des Herrn selbst zu verstehen und ihm mit entsprechender Ehrerbietung zu begegnen. Die «Popen»-Verachtung Hitlers und die Enthüllungstendenzen der in der Nachkriegszeit einsetzenden «Erziehung zur Kritikfähigkeit» haben damit gründlich aufgeräumt.

Heute wissen wir durch jede Menge Schriftenmaterial, wie menschlich allzu menschlich es auch in diesem Stand zugeht und wie oft Amtspersonen der Kirche hinter dem Anspruch ihres Berufes zurückblieben oder gelegentlich sogar böse versagten und versagen. Das wird heute oft dem ganzen Stand angekreidet, so dass die Meinung weit verbreitet ist, dem Priester keine besondere Hochachtung schuldig zu sein.

Wir müssen uns aber fragen: Dient die Überbetonung dieser Negativ-Fälle unseren Kindern? Sollten christliche Erzieher nicht die unterschwellig zerstörerische Tendenz dieser Aspekte ins Bewusstsein nehmen und sich zunächst darum bemühen, dem Pfarrerstand gerecht zu werden? Tut nicht der Großteil kirchlicher Amtspersonen getreulich ihren Dienst, und gibt es nicht auch heute noch viele, die ein ausserordentlich vorbildliches, ja heiligmäßiges Leben führen? Der Mensch ist in seinem Werdeprozess unabdingbar auf Vorbilder angewiesen. Er *muss* sie suchen! Wie sehr schneiden sich christliche Erzieher ins eigene Fleisch, wenn sie vor ihren Kindern kirchliche Amtspersonen schlechtmachen! Sie nötigen die Heranwachsenden, sich nach anderen Leuchttürmen umzusehen – und das lässt sie heute doch an reichlich viele und gefährliche Irrlichter geraten.

Gewiss ist es für praktizierende Christen, welche die geistliche Gefährdung unserer Welt in ihrem Bewusstsein haben, schwer, vor ihren Kindern die Zunge zu hüten. Denn oft gab es in den vergangenen Jahrzehnten viel Anlass zu berechtigter Kritik. Wie oft sehnen sich christliche Erzieher nach mehr standhaltenden Stellungnahmen kirchlicher Amtspersonen im Ansturm atheistischer Ideologien und Irrlehren!

Oft sind die Kirchenbesucher – besonders im Norden der Republik, im evangelischen Bereich – empört aus den Gottesdiensten heimgekommen, weil einmal mehr ein politisierender Pfarrer Gesellschaftsveränderung betrieb! Das waren böse Auswüchse – ebenso wie es Nestbeschmutzung durch katholische Pfarrer ist, wenn sie vom Ambo aus gegen den Papst polemisieren. Das sind keine Heldentaten und nicht der Beweis einer besonderen Emanzipiertheit, sondern unverantwortliche Unbedachtheiten des Hirten gegen seine Herde. Gewiss ist hier Einspruch und Auseinandersetzung in liebevoller Gemeinsamkeit in der Gemeinde nötig; aber christliche Erzieher sollten unbedingt darauf bedacht sein, dass ihre Kinder davor bewahrt werden, nur mit den unzureichenden Anteilen ihrer Pfarrer oder übergeordneter Amtspersonen konfrontiert zu werden. Wir tun den Heranwachsenden Besseres an, wenn wir sie auf die Größe des Hirtenamtes und auf die Schwere des Dienstes, besonders in der heutigen Zeit, hinweisen, wenn wir sie darauf aufmerksam machen, was für eine starke Glaubenskraft, was für eine Bereitschaft zu verzichten der Zölibat, die Ehe- und Familienlosigkeit des katholischen Priesters, bedeutet.

Christliche Erzieher dürfen nicht vergessen, wie billig im Grunde das Gelächter atheistischer Liberalisten ist, wenn sie den Zölibat verhöhnen, wie es in den Talkshows des Fernsehens Mode geworden ist – dient das im Grunde doch lediglich, wie aller Klatsch, allein der eigenen Selbsterhöhung und bezieht von dorther seine Lust.

Es tut unseren Kindern auch nicht gut, wenn ihre Erzieher in die unangemessene Verteufelung des Papstes einstimmen und ihm – mit den atheistischen Wölfen heulend – unterstellen, dass er um seiner weltlichen Macht willen eine «Demokratisierung der Kirche» verhindere. Zumindest katholische Kinder sollten von ihren Eltern erfahren, dass ihre Kirche es sehr ernst nimmt mit der Gegebenheit, dass Gott, der Allmächtige, selbst höchste Instanz einer natürlichen Hierarchie ist, dass Hierarchie – in christlicher Demut gelebt – keine Machtanmaßung ist, sondern der Schöpfungsordnung gemäß, hohe Schutzpflicht (= Auctoritas) bedeutet.

Es ist für christliche Erzieher heute sehr schwer, sich nicht negativ infizieren zu lassen. Bewusster Widerstand in der Verantwortung für die Kinder gegen diese destruktiven Tendenzen ist hier ausserordentlich wichtig. Die Erfahrungen in der psychotherapeutischen Praxis der letzten dreissig Jahre mit der negativen Bilanz der sogenannten emanzipatorischen Pädagogik lassen erkennen, dass die katholische Kirchenleitung, besonders Papst Johannes Paul II., durch ihr tapferes Stehen zum Lehramt, vor allem zur kirchlichen Morallehre und zur Hierarchie, einen Widerstand im Ansturm diabolischer Mächte gezeigt haben, dessen Wert gar nicht hoch genug eingeschätzt werden kann. Christliche Erzieher sollten den Kindern diese beglückend positive Gegebenheit vermitteln, ganz gewiss die katholischen, um sie gegen die bewusst verhetzenden Tendenzen und Verleumdungen in der öffentlichen Meinung zu feien.

Christliche Eltern sollten auch den Versuch machen, eine liebevolle Nähe zum Gemeindepfarrer zu entwickeln. Nicht nur in der Vorbereitung auf Taufen, Firmungen und Hochzeiten sollte der Kontakt mit ihm gesucht werden; Kinder sollten angeregt werden, an den Freizeiten der Kirche, an Jugendgesprächsgruppen, die der Pfarrer leitet, an Ministrantendiensten teilzunehmen, wobei es als elterliche Vorbereitung nötig ist, den Kindern eine Haltung der Hochachtung gegen den Pfarrer vorzuleben und zum Ausdruck zu bringen. Sinnvoll ist es zum Beispiel auch, in der Familie darüber zu berichten, was man durch die Predigt des Gottesdienstes gelernt, welche Aha-Erlebnisse man von diesem oder jenem Gemeindeabend mit nach Hause getragen hat. Die Kinder christlicher Eltern sollten aus deren Reden heraushören, dass es hier etwas zentral Wichtiges für das Leben zu lernen gibt, Vorgänge, die augenscheinlich niemals aufhören, zu weiterer Bildung und Selbsterziehung beizutragen.

Negative Kritik sollten sie hingegen für sich behalten, bzw. dort hintragen, wohin sie gehört: In die Auseinandersetzung mit dem Pfarrer in aktiver Gemeindearbeit. In tiefer Verantwortlichkeit muss aber heute mehr denn je versucht werden, die Kinder nicht gegen die Kirche zu vergiften, nicht in das große Klagelied einzustimmen, dass die Jugend dem kirchlichen Leben kein Interesse mehr abzugewinnen vermag.

Heute mehr denn je ist es notwendig, die Apelle des Paulus in seinem ersten Brief an die Korinther zu beherzigen, nicht den Streit, nicht die Zerwürfnisse zu pflegen, sondern sich ins Bewusstsein zu rufen, dass jetzt alles darauf ankommt, dass wir uns in Einigkeit sammeln, um das Christentum in die Zukunft zu tragen, und das heisst: Unseren Kindern überhaupt Zukunft zu ermöglichen. Unsere Hirten haben ein Recht auf dankbare Anerkennung. Versagt ihnen das ihre Gemeinde, so wird sie damit bestraft, dass ihr die Jugend davonläuft und sie sich zerstreut.

Ehrerbietung der Eltern für ihren Pfarrer ist eine notwendige Vorbereitung, damit die Kinder sich im Christentum beheimaten können. Die Beziehung der Person Mensch zur Person Gott wächst über Personen, die in einer sakramentalen Beziehung zu IHM stehen.

Besonders im katholischen Bereich gibt es hier freilich gelegentlich tragische Verwechslungen, welche die Erzieher im Auge behalten müssen: Gerade für den Glauben aufgeschlossene junge Mädchen neigen gelegentlich dazu, sich in den Pfarrer zu verlieben; das heisst sie projizieren ihren hohen, Gott zugewandten Eros in die Person des Pfarrers hinein. Für diesen ist das – falls er Katholik oder als evangelischer Pfarrer bereits verheiratet ist – eine große Versuchung, zumal gerade in solchen Fällen die Liebe sehr tief und die Hingabebereitschaft der verliebten Frau absolut ist.

Christliche Eltern sollten hier sehr wach sein und durch klärende Gespräche mithelfen, das Bewusstsein für den hoheliedähnlichen Charakter solcher Gefühle zu schärfen, eventuell auch durch vertrauensvolle Gespräche unter vier Augen mit dem Pfarrer.

Rechtzeitiges Eingreifen, um die Beziehung im erlaubten, angemessenen Rahmen zu halten und nicht etwa nur die Tochter, sondern auch den Pfarrer selbst davor zu bewahren, in tiefe Konflikte und in eine Ungeordnetheit zu geraten, die seine Glaubens- und Arbeitskraft zerstören, ist hier von der Seite der Erzieher not.

Wird eine solche Liebe verstanden als eine schwere Versuchung und sinnreiche Buße auf dem Weg zu Gott, so ist es für die Angefochtenen erfahrungsgemäß möglich, sie durchzustehen und als einen Fortschritt zur Kultivierung des Gefühls, ja sogar des Glaubens, anzunehmen.

Q – Quellen befragen – zum Bibellesen anregen

Christliche Erzieher setzen gern voraus, dass es ausreicht, mit den Kindern ein tägliches Gebetsritual zu haben, sie gelegentlich zur Kirche mitzunehmen und sie dann dem Religionsunterricht der Schule und den Vorbereitungen auf Firmung und Konfirmation zu überlassen.

Das ist aber ein gefährlicher Trugschluss! Im Religionsunterricht der Schulen geschieht heute in den selteneren Fällen überhaupt noch Glaubensvorbereitung, sondern vor allem Information über Religionsgeschichte und Information über die verschiedenen Religionsformen, ja, gelegentlich geschieht sogar Fehlbeeinflussung, Verführung zu Zweifel und Indoktrination.

Es bedarf ausserordentlich pädagogisch geschickter Lehrer, um im Religionsunterricht die Aufmerksamkeit der Kinder über Jahre hinweg zu erregen. Oft ist ein erfolgreiches Unterrichten durch die Unkonzentriertheit der Kinder heute und durch die vielen Störer gar nicht mehr zureichend möglich. Und auch der Zwang zum Lernen ist in vielen Fällen, besonders bei den Jungen, kein wirkungsvoller Weg zur Glaubenserhellung und -überzeugung. Hier wie dort ist der Auftrag christlicher Eltern auf diese Weise heute größer geworden und fordert ihnen mehr Mühewaltung ab.

Dass die Kinder die Bibel als das Buch der Bücher, als ihr wichtigstes Buch erleben lernen, dieses sollte in einem christlichen Elternhaus angestrebt werden. Das freilich ist eine hohe Kunst und erfordert höchste Zartheit des Gespürs für das richtige Maß an altersentsprechenden Empfehlungen.

Für Kinder im Vorschulalter ist es sinnvoll, sich der Kinderbibel von Anne de Vries und der vielen herrlichen Bilderbücher mit den bibeltreuen Geschichten zu bedienen, wie sie jede christliche Buchhandlung in großer Fülle bereithält.

Hier ist alles noch einfach, weil die Kleinkinder ein unmittelbares intuitives Gespür für die Bilder der Tiefe haben. Deshalb sollte diese Stufe nicht übersprungen werden. Wie neue Untersuchungen erwiesen haben, ist sie sehr grundsätzlich eine prägende Vorbereitung auch bei der Erziehung zum Lesen.

Schwieriger wird die Nähe zur Bibel im Grundschulalter. Jedenfalls ist es in der Phase zwischen dem 9. und 12. Lebensjahr sicher schon nötig, mitlesend und gelegentlich interpretierend darauf hinzuweisen, inwiefern die biblischen Gestalten, zum Beispiel Kain, Jakob, Josef, David, Daniel, Jonas, Petrus, Eva, Rebecca und Martha etwas mit uns selbst zu tun haben.

Für dieses Alter ist die Elementarbibel von Anneliese Prokrandt (Kaufmann- und Kösel-Verlag) vor allem auch ihre vier erläuternden Bände für die Erzieher – ausserordentlich brauchbar, zumal die Ausstattung dieser Bibel vieles berücksichtigt, was für diese Altersstufe notwendig ist: Die große Schrift, die kleinspaltige Anordnung regt zum Selbstlesen an, das Format ist handlich, so dass sich das Buch auch im Bett lesen lässt, die Illustrationen sprechen die Kinderseelen in dieser Altersstufe ganz besonders an.

Wichtig ist aber, dass die Kinder immer wieder das besondere Interesse der Eltern erfahren, wenn sie sehen, dass ihre Sprösslinge in der Elementarbibel lesen. Die Eltern sollten eifrig darauf bedacht sein, ihre Fragen zu beantworten. Sie sollten gemeinsam mit den Kindern über die Texte nachdenken und versprechen, sich zu informieren, wenn sie eine Frage nicht beantworten können.

Glaubensvorbereitung bedeutet, dass die Eltern mit Freude und Eifer gemeinsam mit ihren Kindern die Bibel studieren, so dass sie auf diese Weise erfahren, dass das den Eltern das Wichtigste ist, wichtiger als alles Schullernen und alle ihre eigenen Aktivitäten.

Freilich darf man die Glaubensvorbereitung nicht penetrant handhaben. Es taugt nicht, wenn die Eltern mit bigottem Zeigefinger und mit Chorälen und Psalmen auf den Lippen ein Übermaß anbieten. Als christliche Erzieher dürfen wir nicht vergessen: Der Glaube ist die intimste aller intimen Beziehungen, und deshalb wirkt er mit Recht auf die Umwelt schnell unglaubwürdig, wenn wir ihn exhibierend vor uns hertragen.

Das verbietet ein berechtigtes religiöses Schamgefühl, für das die Kinder besonders in diesem Alter ein gutes Gespür haben. Spätestens in der Firmzeit, in der die Kinder auch pflichtmäßig am Gottesdienst teilnehmen, sollte man mit ihnen über die Predigttexte Nachgespräche führen und die Texte vielleicht noch intensiver als der Pfarrer das tun kann, zu ihrem persönlichen Leben in Beziehung setzen: Inwiefern bin ich selbst gemeint mit diesem Pharisäer, der sich für besser hält als der Zöllner, inwiefern kann auch ich meine Lebenssaat vertun? Inwiefern sind für uns alle Jesu Fußwaschungen vorbildlich? usw.

Meine Bücher «In den Ferien fing es an» (Verlag Weisses Kreuz), und «Europa darf nicht untergehen» (Christiana-Verlag) sind geschrieben, um hier Interpretationshilfe zu vermitteln und dazu die Erzieher oder auch ältere Jugendliche anzuregen. Erst auf dem Boden einer solchen umfänglichen Glaubensvorbereitung durch die Kindheit hindurch darf man die Hoffnung haben, dass die Kinder reif werden können zu einem täglichen Leben mit der Bibel selbst.

Am Frühstückstisch mit der Jugend kann es angemessen sein, die Tageslosung mit ihren Erläuterungen zu lesen und bei guter Zeiteinteilung auch noch ein wenig als Zubrot für den Arbeitstag zu interpretieren oder zu diskutieren.

Sinnvoll ist es in dieser Altersstufe auch, wenn die Erzieher immer einmal wieder über ihre eigenen Erfahrungen beim Umgang mit der Bibel berichten; denn wer täglich zur Nacht über der Bibel betet und sie dann ohne genaue Überlegung aufschlägt, erfährt sehr häufig einen direkten Zuspruch, eine situationsgerechte Ermahnung, das «Zu-Fallen» einer Erkenntnis, um die man gerade gerungen hat.

Wenn es jungen Erwachsenen möglich geworden ist, die Bibel als die Hauptquelle der Lebenskraft, als Lebenshilfe und Lebensschutz zu erleben, so kennzeichnet das eine gelungene Erziehung zum Glauben. Natürlich ist es sinnreich, wenn sich bemühte Erzieher für ihre Kinder darüber hinaus um Nebenquellen bemühen. Gute christliche Jugendzeitschriften sind wichtig.

Christliches Lesematerial sollte statt der BRAVO auf dem Tisch unserer Kinder liegen. Sehr sinnvoll ist es auch, ihnen die Erzählungen großer christlicher Dichter, zum Beispiel die Christuslegenden der Selma Lagerlöf, die Erzählungen Tolstois, die spritzigen Abhandlungen von C. S. Lewis, die tief einleuchtenden von Heinrich Spaemann und im katholischen Bereich die gute Bemühung zu neuer Belebung der Heiligen, besonders durch Walter Nigg

(«Die Heiligen kommen wieder») und die lebendigen autobiographischen Schilderungen auch der weiblichen Heiligen, von Hildegard von Bingen über Teresa von Avila bis zu Edith Stein zu beachten. Das ist für unsere Jugend wertvollstes Quellenmaterial, um sich nach Glaubensvorbildern ausrichten zu lernen.

R – Rituale wollen gelebt, verstanden, geübt und gepflegt sein

Der moderne Mensch hat eine Abneigung gegen das Ritual. Er wehrt sich gegen das Vorgestanzte von Vorschriften. Er fühlt sich durch sie eingeengt, er empfindet, dass sie ihm individuell nur ungefähr entsprechen. Oft hält er sie auch für nichts anderes als eine törichte, veraltete Konvention, ein Praktizieren von Tradition ohne Sinn und Verstand. Er möchte eben freier, ungezwungener, gewissermaßen «locker vom Hocker» leben – so ist der Trend.

Oft beruht diese Haltung aber letztlich nur auf einem unnachdenklichen Mitschwimmen im Strom des Zeitgeistes, oder sie ist bei manchen Menschen einfach nur ein Mangel an Informiertheit auf dem Boden der Kirchenferne weiter Bevölkerungskreise. Dabei ist es ganz besonders an der Geschichte der evangelisch-lutherischen Kirche mit ihrer protestierenden Abkehr vom liturgischen Ritus der katholischen Kirche und der Auflösung der Agende, d.h. einer einheitlichen Gottesdienstordnung im 19. Jahrhundert, ablesbar, dass die freie Vielgestaltigkeit des Gottesdienstes eher zu seiner Auflösung führt, so dass heute zum Teil Reformbewegungen mit einer erneuten Hinwendung zum Ritual einsetzen.

Einmal mehr ist hier deutlich geworden, wie wenig dem Menschen auf Dauer Regellosigkeit liegt. Die Tatsache, dass sich so viele Menschen heute von abergläubischen Sekten einfangen lassen, in denen die Teilnehmer häufig minuziös strengen Ritualen unterworfen werden, unterstreicht diese Erfahrung.

Selbst manche Seelenärzte der Neuzeit gehen wieder mehr und mehr zu ritualisierten Übungen der Meditation über und übernehmen sie zum Teil aus fernöstlichen Formen der Religionsausübung.

Der eingerissene Hang zur Beliebigkeit in der religiösen Feier lässt ein Wesensmerkmal des Menschen unberücksichtigt: Dass es ihm gar nicht möglich ist, sich ohne eingebahnte Strukturen geborgen zu fühlen. Dass die Gewöhnung der immer gleichen Praktik im heiligen Ritual seine Seele beruhigt und sie so auf das Zentrale des Vorgangs: Die Annäherung und Einung mit der Gottheit hinlenkt und konzentriert – das will heute neu ins Bewusstsein gebracht werden.

Die erneute Ritualisierung des Abendmahls in der evangelisch-lutherischen Kirche ist deshalb zum Beispiel eine sehr wesenhafte und positive Entwicklung nach den jahrhundertelangen, schmerzhaft erfolglosen Befreiungsbemühungen aus zu starr scheinenden Formen und Ritualen der heiligen Feier.

Kinder christlicher Eltern sollten im Vorbereitungsunterricht auf Firmung und Konfirmation über den Sinn des kirchlichen Rituals aufgeklärt werden und darin bei Gelegenheit auch von den Eltern zusätzlich unterrichtet werden.

So sollten katholische Kinder lernen, dass das Kreuzzeichen so etwas wie ein Erkennungsmerkmal von christlicher Zugehörigkeit bedeutet, das vor der Eröffnung eines Gebetes vor Beginn und am Ende der Messe als ein Zeichen der Segnung und der Abwehr gegen bösen Einfluss praktiziert wird.

Bevor älteren Kindern derlei Erklärungen abgegeben werden, sollten sie freilich längst erlebt haben, wie ihre Eltern im Gebet, in Messen und Gottesdiensten das Ritual tief ernst nahmen. Sie sollten den Ritus längst kennen und in ihm eingeübt sein, wenn man ihnen den Sinn erklärt.

Spätestens im Alter der Erstkommunion sollte man es ihnen ins Bewusstsein bringen, dass zum Beispiel das Händefalten eine symbolische Hinwendung zu Gott ist.

Das Beugen von Kopf und Knien ist eine Geste der Verkleinerung und sagt aus, dass die Hinwendung zu Gott mit einer Kennzeichnung der Niedrigkeit des Menschen und einem Eingeständnis des Unzulänglichseins und der notwendigen Demut vor Gottes Angesicht verknüpft wird. Es ist sehr sinnreich, Jugendlichen zu vermitteln, wie gut es Menschen tut, solche Gesten immer wieder so oft wie möglich, ganz bewusst zu vollziehen, da wir allesamt fortgesetzt in der Gefahr sind, in irgendeinen Größenwahn zu geraten, statt Solidarität mit anderen Menschen zu üben, wie Christus das von uns erwartet.

Die immer lauernde Gefahr der Selbstüberschätzung kann eingeschränkt werden, wenn der Kniende und sich Beugende diese Handlungen nicht schematisch, sondern in bewusster innerer Bewegung vollzieht. Der Jugendliche muss erkennen können, dass Rituale, in diesem Geist vollzogen, einen grundsätzlich gesunderhaltenden Einfluss auf die Seele haben. Es gelingt ihr dann leichter, sich vor Maßlosigkeit zu bewahren.

Ebenso sollten alle Rituale während der sakralen Handlungen im Gottesdienst den Jugendlichen verständlich gemacht werden. Andächtige Stille ist die grundsätzliche Voraussetzung, dass mit Hilfe des heiligen Geistes Gottesnähe möglich werden kann.

Geschwätz in der Kirche, Unterhaltung vor Beginn der heiligen Handlung mit anderen Teilnehmern lässt auf Uninformiertheit oder Unverstand darüber schließen, dass nach christlichem Verständnis die heilige Dreifaltigkeit in ihren Gotteshäusern anwesend ist.

Wichtig für katholische Jugendliche ist es auch, ihnen zu erklären, dass die relativ strenge Gottesdienstordnung der katholischen Kirche keine diktatorische Maßnahme einer repressiven Leitung ist, wie neuerdings häufig in zersetzender Absicht unterstellt wird, sondern dass der gleichförmige Ritus dafür Sorge zu tragen sucht, dass die Heiligkeit nicht gestört und der Gottheit in angemessener Andacht begegnet wird.

Die Vorstellung einer direkten Kommunion mit dem lebendigen Gott, die durch die im Ritus vollzogene Wandlung von Brot und Wein in Leib und Blut des Erlösers (Realpräsenz) erst ermöglicht wird, setzt hier aus Ehrfurcht vor Gott eine sorgfältige Beachtung der tradierten Grundform der Messe voraus.

Jugendliche beider Konfessionen müssen deshalb auch von ihren Erziehern hören, dass die katholische Kirche hier aus sakramentalen Gründen keine Zugeständnisse an die Abendmahlsform der evangelisch-lutherischen Kirche machen kann. Der hohe Anspruch auf äusserste Heiligkeit der Handlung muss Entweihung des Sakralen fürchten.

Dies ist auch der Grund, weshalb Andersgläubige nicht zur Kommunion zugelassen werden können. Mit starrer Unmenschlichkeit und Mangel an Solidarität unter den Christen, wie gern geschimpft wird, hat diese Vorschrift nichts zu tun.

Für katholische Gläubige geht es hier um das «Mysterium fidei – das Geheimnis des Glaubens», vor dessen Profanierung Paulus ausdrücklich warnt (1 Kor 11,27). Annäherungen der Konfessionen aneinander haben hier ihre

Grenze. Jugendliche christlicher Eltern sollten in gegenseitiger Achtung des Andersartigen dennoch dazu angehalten werden, das Gefühl der Zugehörigkeit beider Konfessionen zu Jesus Christus zu pflegen und bei gegenseitiger Toleranz der unterschiedlichen Schwerpunkte die Gemeinsamkeit des Glaubens zu betonen und zu stärken.

S – Scheinheiligkeit ist kein Weg zum Glauben

Warum verlassen so oft Kinder aus christlichen Elternhäusern, kaum dass sie eine eigene Entscheidungsmöglichkeit haben, angewidert die Kirche und kehren sich vom Christentum ab; ja, warum geschieht das so tragisch häufig sogar bei Kindern aus evangelischen Pfarrhäusern?

Ein Grund dafür ist im ersten Teil dieses Buches verdeutlicht worden. Auch Kinder aus Pastorenhäusern brauchen als Grundvoraussetzung zur Übernahme der Liebesreligion, dass man ihnen in ihren ersten Lebensjahren hinreichend viel Zeit schenkt.

Wird das den Frauen der Pfarrer nicht zugebilligt, sind sie als Mütter von kleinen Kindern im Übermaß genötigt, Pflichten in der Gemeinde mit zu übernehmen, so trifft nicht selten das auf Erfahrung beruhende Sprichwort zu: «Müllers Esel, Pfarrers Vieh gedeihen selten oder nie», und das heisst: Erziehung zum Glauben lässt sich auf dem Boden von Vernachlässigung nur schwer aufbauen.

Gelegentlich geraten christliche Eltern, für die der Glaube das A und O ist, darüber hinaus in die Gefahr, im Eifer des Gefechtes die biblischen Sentenzen zu wörtlich, zu uneinfühlsam, wirklich diktatorisch, ihren Kindern vom frühesten Lebensalter an abzufordern. Es bekommt ihnen aber nicht – womöglich gar unter Androhung von Hölle und Fegefeuer oder von dirckten göttlichen Strafgerichten – zur Bravheit dressiert zu werden.

Christlicher Glaube ist als erstes die Religion der Liebe, der Glaube an einen unendlich vergebungsbereiten, barmherzigen, erlösenden Gott. Wer den Kindern hier himmlische Schreckgespenster an die Wand malt, handelt nicht als christliche Erzieher in der Nachfolge von Jesus Christus, sondern anmaßend und selbstgerecht. Er verstößt scheinheilig gegen das zweite Gebot, wenn er so die Kinder durch das Einflößen von Angst zur Ruhe und zum Wohlverhalten zu bringen sucht.

Kleine Kinder müssen sich zwischen dem dritten und sechsten Lebensjahr in Selbstbehauptung einüben. Sie müssen auch mit den Bekundungen ihres eigenen Willens von christlichen Erziehern ernst genommen werden. Wer in diesem Alter Kinder in ein christlich verbrämtes Angstkorsett zwängt, erzeugt sogenannte ekklesiogene Neurosen, die später in Form von Wasch- und Reinigungszwängen, als Duckmäusertum, als Unfähigkeit zum Sichdurchsetzen, als Übergefügigkeit und Lebensuntüchtigkeit – vermischt mit einer tiefen Glaubensunfähigkeit – das Leben im Erwachsenenalter traurig beeinträchtigen können. Hier ist allergrößte Behutsamkeit am Platze!

Es kommt in der psychotherapeutischen Praxis auch immer wieder vor, dass christliche Erzieher eine bestimmte Sentenz der Bibel benutzen, um damit eine erzieherische Unangemessenheit zu bemänteln. Das Bibelwort: «Wer sein Kind liebt, der züchtigt es», sollte man nicht als Legitimation zur Prügelerziehung missbrauchen. Gewiss müssen Kinder erzogen werden – und das meint das Bibelwort in einem sehr allgemeinen Sinn einer notwendigen Disziplinierung. (In den Kapiteln O und U ist ausführlich davon die Rede.)

Aber die gute Notwendigkeit, ihnen die Grenzen ihres Verhaltens einsichtig zu machen und einzuüben, ist sehr viel erfolgreicher, wenn die Kinder ihre Eltern auch dabei als liebevoll um sie Bemühte erleben können. Gewalt als Mittel christlicher Erziehung lässt den Verdacht aufkommen, dass unfähige Schwäche, womöglich gar sadistische Abartigkeit bei den Erwachsenen gegeben sind. Eltern sollten sich, wenn sie sich hier als gefährdet erleben, zu gegenseitiger Hilfestellung, zum Abschirmen der Kinder vor gereizten oder undisziplinierten Ausbrüchen verabreden. Mütter, die sich ihre Reizbarkeit eingestehen, sollten sich ganz bewusst irgendwo im Keller oder auf dem Boden einen Gegenstand bereithalten, den sie traktieren, wenn die Wut sie übermannt, statt die Kinder zu verschlagen.

Väter sollten sich vornehmen, aus dem Weg zu gehen, wenn sinnloser Zorn sie übermannt. Ehrliches Eingestehen statt bemäntelnde Scheinheiligkeit sind in solchen Fällen dringend geboten!

Schädlich im Hinblick auf die Glaubenserziehung ist es auch, wenn Kinder ihre Eltern im Umgang mit Gemeindemitgliedern und kirchlichen Amtspersonen als scheinbar liebevoll und christlich erleben, während sie sich zu Hause dem Ehepartner, Untergebenen oder anderen verwandten Hausgenossen gegenüber rücksichtslos, egoistisch, entwürdigend oder gar grausam verhalten.

Mit Recht spüren Heranwachsende bald, dass sich bei ihren Erziehern hier Heuchelei eingeschlichen hat. Es ist sicher sehr sinnvoll, es ernst zu nehmen, wenn Kinder das aussprechen. Statt sie dann zu beschimpfen, sollte man sie auffordern, für diese Behauptung Beweise zu erbringen und ihre kritische Beobachtung zu belegen. Es macht das Wesen eines glaubwürdigen christlichen Erziehers im Umgang mit seinen Kindern aus, dass er eigene Fehler eingesteht und bereit ist, aus ihnen zu lernen. Wie gelebtes Christentum aussieht, das kann ein Heranwachsender an einem solchen Verhalten viel eher lernen.

Es gibt freilich auch eine Scheinheiligkeit christlicher Erzieher, die nicht heuchlerisch mit zweierlei Maß misst, sondern die sich gewissermaßen über die eigene Christlichkeit belügt, und dadurch auf die Umwelt, besonders aber auf die Jugendlichen, bigott und abstoßend wirkt. Das ist vor allem jener Geist von Pharisäismus, vor dem wir uns als Christen in immer erneuerter Selbstkritik zu hüten haben.

Wenn Jugendliche mehr oder weniger direkt nach dem Motto: «Schaut mich doch an!» genötigt werden sollen, sich auf Schritt und Tritt vollkommen und untadelig christlich wie die Engelein zu verhalten, so steht hinter diesen scheinbar wohlgemeinten missionarischen Feldzügen doch häufig keine Liebe, sondern Nötigung zur Anpassung und Unterordnung unter das elterliche Verhalten. Ist hier Anmaßung und heimliche Machtergreifung im Spiel, so pflegen sich die Jugendlichen meist mit Vehemenz zur Wehr zu setzen. Sie spüren das Unlautere der Bemühungen – leider oft sehr viel schneller als die sich ihrer Motive nicht bewussten Erzieher.

Auch hier hilft eigentlich nur, dass man die Kritik des Jugendlichen ernst nimmt. Auch die Alten können und sollten von den Jungen lernen! Wichtig ist auf diesem Sektor, dass die Jugendlichen ihre Eltern nicht als überheblich, nicht als arrogant erleben. Das Bemühen um ein Leben in christlichem Geist kann leicht einmal dazu führen, so etwas wie einer elitären Selbsterhöhung zu verfallen und sich halt doch wirklich für besser zu halten als die anderen. Moderne, aufgeschlossene Christen sollten daher immer bereit sein, sich von den Brüdern in hinreichender Demut auf den «Balken» im Auge aufmerksam machen, ja, ihn sich sogar von ihnen herausziehen zu lassen.

Ein guter Weg heraus aus der Scheinheiligkeit bei Jung und Alt besteht auch darin, dass wir uns immer neu klar machen, dass in uns allen die rohe Natur mehr oder weniger häufig die Oberhand gewinnt und sich vorrangig durchsetzt, bevor wir uns christlich ausgerichtet haben.

Wie oft geht es in unseren Gemeinden eher zu wie auf dem Hühnerhof als bei den Ephesern! Wie wird da um des eigenen Ansehens, um des eigenen Prestiges willen um Posten und um Stimmbeteiligung gekämpft! Wie wird versucht, die anderen madig zu machen und wegzubeissen, um ihren Platz einzunehmen.

Wie sehr wird auch das Miteinander mit anderen Glaubensgruppen unversehens zu dem Gegeneinander einer Territoriumsverteidigung nach Dohlenmanier! Christliche Erzieher müssen diese Gefahren im Kopf haben und sie ihren Heranwachsenden vermitteln, damit es hier durch Gesprächsabende in liebevollem Geist zur Bewusstseinserhellung und zur Abklärung kommen kann.

Hier muss das Liebesgebot von Jesus Christus, hier müssen die paulinischen Appelle an die zankfreudigen Urchristen in den Mittelpunkt gestellt, hier muss auch um Einigung gebetet werden. Hier sollten die Probleme der Gemeinde auf den Tisch, statt dass durch Klatsch und Afterreden das Klima vergiftet wird.

Meiner Erfahrung nach lässt sich viel ungute Entwicklung vermeiden, wenn nur alle bereit sind, Neidentstehung und Zerstrittenheit als eine Gefährdung der Gemeinschaft anzusehen. Jugendliche pflegen für eine solche echt christliche Selbstkritik dankbar und aufgeschlossen zu sein.

Christliche Gemeinde wird um so weniger an der Scheinheiligkeit ihrer Mitglieder leiden, je mehr das Bewusstsein gepflegt wird, wie endzeitlich die Zeichen der Zeit sind und wie sehr es das Gebot der Stunde ist, die Lampen des Glaubens am Brennen zu halten, den Orientierungslos- und Schwachgewordenen aufzuhelfen und sich um Christus zu sammeln.

Es ist für bewusste Christen in unserer Zeit unangemessen, ihre Kraft in Querelen zu vertun. Und unsere Jugendlichen müssen erkennen, wie nötig sie als aktive Christen gebraucht werden.

T – Taufe und Firmung bedürfen umfänglicher Vorbereitung

Die Kinder christlicher Eltern werden getauft und gefirmt. Dazu sind viele Vorbereitungen in der Familie auf die großen Feste nötig. Aber liegt der Schwerpunkt noch dort, wo er liegen muss – im geistlichen Vorbereiten und geistlichen Mitvollziehen der heiligen Handlungen? In unserer Wohlstandsgesellschaft haben sich die Ansprüche auf Äusserlichkeiten, auf den aufwendigen Rahmen solcher Feste so sehr in den Vordergrund gedrängt, dass das Wesentliche in die Gefahr gerät, viel zu weit an den Rand gedrängt zu werden. Christliche Eltern sollten die großen Festtage für ihre Kinder vor allem geistlich mit ihnen vorbereiten.

Bei der Taufe ist der erste Schritt wohl die Wahl der Paten. Nach welchen Kriterien wählen wir sie aus? Oft steht der Grad der Freundschaft und die Nähe zum Elternpaar oder zu einem von ihnen allein im Vordergrund. Und die Vorstellung, für das Kind noch so etwas wie einen weiteren Sicherheitsbalken in Zeiten der Not oder des Elternausfalls einzuziehen, fällt sehr verständlicherweise meist ins Gewicht.

Gar nicht einmal so selten halten die auswählenden Eltern auch nach einem reichen, womöglich alleinstehenden Paten älteren Jahrgangs Ausschau und hoffen dabei heimlich auf eine reiche Pfründe für ihren Sprössling. Für christliche Eltern ist das unangemessen. Entscheidend bei ihrer Auswahl sollte es sein, ob der Kandidat auf Patenschaft für ihr Kind in christlichem Geist lebt, ob für ihn die Liebe der höchste Wert ist, ob er sich als verantwortungsbewusster, freier Mitarbeiter Gottes versteht und ob er ein Betender ist. Werden Paten nach diesen Kriterien ausgewählt, so dürfen die Eltern hoffen, dass die Paten ihre Patenkinder täglich in ihr Fürbittegebet einschließen. So bleiben sie ununterbrochen in geistlicher Nähe des ihnen Schutzbefohlenen und entwickeln so eine viel innigere Beziehung zu dem Täufling – selbst wenn sie weit entfernt wohnen.

Für einen wirklich christlichen Paten steht das Wohl des ihm in der Taufe anvertrauten Kindes sehr viel wachsamer im Mittelpunkt. Das bewirkt, dass später seine Geburtstage und Namenstage nicht vergessen werden und dass eine immerwährende Verpflichtung im Bewusstsein bleibt, für das Patenkind mitverantwortlich zu sein – selbstverständlich angesichts von Schicksalsschlägen, aber darüber hinaus auch als geistliche Begleitung des Kindes in eine Glaubensentfaltung hinein.

Zwar hat bereits jedes Geschenk des christlichen Paten an seinen Schützling den Stellenwert einer symbolischen Gabe, die dem Kind stellvertretend sein Von-Gott-geliebt-Sein erfahrbar werden lässt, aber darüber hinaus sollten sich christliche Paten bemühen, nicht wahllos oder einfach nur Spielzeug und Süßigkeiten zu schenken, sondern versuchen, auch in der Art ihrer Geschenke das Wesen ihrer Patenschaft als Miterzieher zum Christentum zum Ausdruck zu bringen. Besonders altersentsprechende Bücher können hier Hilfe sein.

Der Anspruch von Christeneltern vor allem auf die nicht laue, sondern die intensive christliche Einstellung der Auserwählten allein kann der Vorstellung gerecht werden, einige Menschen in der Umwelt des Kindes mitverantwortlich für das Kind zu machen, solange es noch nicht mündig ist.

Wenn man sich diese Gegebenheit klar macht, wird so recht deutlich, wie sehr wir hier in unserer verbürgerlichten Sattheit meist als Paten unzureichend bleiben und wie nötig hier mehr Bewusstsein ist. Ich möchte deshalb christlichen Eltern als Taufvorbereitung raten, die ausgewählten Paten vielleicht sogar in einem Brief um diesen Dienst zu bitten, auf jeden Fall aber die elterliche Erwartung, das Kind in seiner Entfaltung zum Christentum zu begleiten, auszusprechen.

Ich habe übrigens in meiner eigenen Familie die Erfahrung gemacht, dass sich diese Akzentsetzung bei der Gestaltung der Tauffeier noch wunderschön vertiefen lässt. Bei uns hat es sich eingespielt, die Paten schon am Vorabend der Taufe in der Familie zu versammeln, um sich gemeinsam auf das große Fest vorzubereiten.

Dazu bitten wir den taufenden Pfarrer um Mithilfe. Wir stimmen uns an diesem Abend auf die ausgewählten Lieder des Tauftages ein, der Pfarrer hält ein kleines Kurzreferat über den Sinn der Taufe und den Ablauf des Geschehens; einer der Älteren unterstreicht in oben beschriebener Weise den Sinn der Patenschaft; wir beten zusammen um den heiligen Geist an dem großen Tauftag und für das Heil des Täuflings.

Wenn der Pfarrer für den privaten Dienst der Taufvorbereitung am Vorabend des Tauftages nicht abkömmlich ist, lässt sich seine Rolle auch von einem Laien aus dem Familienverbund übernehmen. Freilich muss er sich dann vorher über den Sinn der Taufe informiert haben. Das ist besonders gut möglich durch das vorzügliche Buch von Uwe Steffen, «Die Taufe» (Kreuzverlag, Stuttgart), oder das kleine Büchlein von Jakob Baumgartner, «Das Sakrament der Taufe» (Kanisius-Verlag, Fribourg). Weil es in unseren Familien so viel Kirchenferne gibt, ist hier elementarer Nachhilfeunterricht bzw. Erinnerung an einst Gelerntes und längst wieder Vergessenes von nachhaltigem Wert.

Alle an dem Taufgeschehen Beteiligten müssen es im Bewusstsein haben, dass hier in einer heiligen Handlung der junge Erdenbürger eine Reinigung erfährt, die einer geistlichen Impfung gegen eine böse Infektionskrankheit gleichkommt: der bereits beim Eintritt in diese Erdenwelt potentiell vorhandenen Gefahr des Abfalls von Gott (= Erbsünde).

Dem soll durch das Besprühen mit geweihtem Wasser (und im katholischen Ritus darüber hinaus durch das Anziehen eines rein weissen neuen Kleides und dem Salben mit einer heiligen Schutzcreme) vorgebeugt werden, indem das Kind dem Erlöser übergeben wird. Taufe bedeutet: Für das getaufte Kind bleibt es solange auf diese Weise unmöglich, verloren zu gehen, solange vorerst seine Paten und Eltern für es und später nach seiner Firmung es selbst in Christus bleibt.

Erst wenn dieser so heilsame Wert des Taufgeschehens ins Bewusstsein rückt, wird die Bedeutung des Ereignisses für ein Kind christlicher Eltern sichtbar. Da der Status der Kindschaft Gottes erst durch die Taufe erreicht wird, ist es für bemühte Eltern so wichtig, diesen so früh wie möglich herbeizuführen. Das ist der eigentliche Sinn der Taufe bereits im Säuglingsalter.

Besonders sinnvoll ist es deshalb auch, wenn dem Taufakt selbst eine Eucharistie oder eine Abendmahlsfeier vorausgegangen ist, damit alle beteiligten Erwachsenen ihr «JA» der Verantwortung für den Täufling in einem geistlich gereinigten Zustand sprechen können. Absprachen mit dem Pfarrer machen es meist ohne Schwierigkeiten möglich, dass sich solche Wünsche verwirklichen lassen.

Eine besinnliche Nachfeier in der Familie pflegt regelmäßig den Abschluss zu bilden. Aber auch sie sollte nicht zu einem Volksfest entarten, auf dem das Essen und Trinken ins Maßlose oder Überfeinerte den Mittelpunkt bildet. Hier sollte die dankbare Freude über das getaufte Kind im Zentrum stehen, vielleicht auch durch schöne Hausmusik, vorgetragene Gedichtchen auf den Neuankömmling durch ältere Geschwister oder durch einen eigens auf den Täufling zugeschnittenen Gesang. Das christlich gestaltete Fest erst hat die Chance aus aller Äusserlichkeit zu neuer echter Kultiviertheit mit einer tieferen Glaubensbewusstheit in den Mittelpunkt des Festes vorzustoßen.

Bei den Firmfesten gilt das eben Gesagte gleichermaßen. Auch hier kann eine Versammlung der Paten am Vorabend zu einer Vertiefung der Festfreude beitragen. Auch hier sollte gestaltet werden. Freilich sollte der Firmling bzw. der Konfirmand sehr viel direkter im Mittelpunkt stehen. Schließlich ist er selbst durch Unterricht auf die Bedeutung der Feier vorbereitet worden.

Da aber dieses Fest die Paten aus ihrer unmittelbaren Verantwortung entlässt, sind kleine Reden oder Geschenkformen sinnvoll, in denen die spezifischen Wünsche christlicher Paten für den Weg des Firmlings in ein mündiges, sich festigendes Christentum hinein zum Ausdruck gebracht werden. Es kann auch in ermunternder Absicht lobend Erwähnung finden, wenn sich andeutet, dass hier christlich sprießende Saat bereits vorhanden ist. Symbolische Geschenke könnten mit Hoffnungen auf einen weiteren Glaubensweg verknüpft werden.

Die Geschenktische dürfen bersten, wenn es denn sein muss; aber dem Kind sollte unbedingt vermittelt werden, dass sie Zeichen der Liebe sind, der Liebe in einer Fülle, wie unser Gott sie uns zuteil werden lässt und dass die natürliche Konsequenz solcher Zeichen Liebe und Dankbarkeit des geliebten Kindes vor allem für seinen Gott zu sein hat.

Die Unsitte, die Motivation zur Konfirmation oder Firmung lediglich darin zu sehen, möglichst viel Geld zu ergattern, sollte zurückgewiesen werden. Der Firmling muss wissen, dass eine Einstellung, die auf einer materialistischen oder trivialen Ebene stecken bleibt, einer Firmung auf Christus hin nicht angemessen ist.

Erst recht nicht sollten Paten versuchen, durch materielle Geschenke die Jugendlichen an sich zu binden. Und auch diese selbst sollten den Sinn der Gaben am Firmtag nicht allein darin sehen, sondern die Geschenke sollten Symbole der dankbaren Bindung des Firmlings an seinen Schöpfer und an seinen Erlöser sein.

Es gibt viele Weisen, in denen diese Gedanken auf dem Fest zum Ausdruck gebracht werden können: In Tischreden, in Brief- oder Gedichtform. Aber das sollte so unverblümt wie möglich geschehen; denn Verblümungen, deren Sinn gar nicht bekannt ist, haben wir ohnehin mehr als genug.

U – Umgang mit dem Ungehorsam

Als ich kürzlich eine junge Familie besuchte, sah ich, wie der Jüngste, gerade eben zwölf Monate alt und seit einigen Wochen auf seinen eigenen Beinen, sich plötzlich mit einem tief belustigten, verschmitzten Gesichtsausdruck – den Kopf auffordernd zur Mutter zurückgewendet – einer Schranktür näherte und sie aufriss. Und zum Jubeljauchzen steigerte sich die Lust, als die Mutter reagierte, wie das Kind es offenbar erwartet hatte: Sie stieß einen Schrei aus, sprang auf und schloss die Schranktür.

Dahinter war nämlich der Fernsehapparat verborgen, und seine Knöpfe gehörten in den Bereich des dem Kind Verbotenen. Wie tief vorgeprägt ist bei uns Menschen die Lust zur Grenzüberschreitung, ja zum Ungehorsam! Und es ist für den christlichen Erzieher eine sehr fundamentale Frage, ob er diesen Hang seiner Kinder für das Böse von Anfang an hält und es dann konsequenterweise von Anfang an am besten mit Stumpf und Stiel auszutreiben sucht, oder ob er diese Urlust als eine Beigabe des Schöpfungswerkes Gottes ansieht; denn dann wird er dem Ungehorsam einen sinnvollen Stellenwert zuzubilligen suchen und ihn in angemessener Weise zulassen, statt ihn radikal zu bekämpfen.

Strenge oder Milde im Erziehungsstil von christlichen Eltern erfahren hier ihre Unterscheidung. Eine grundsätzliche Vorüberlegung für christliche Erzieher ist deshalb unumgänglich. Was für ein Bedürfnis ist es denn eigentlich, das den kleinen Daniel zu einer solchen Vorform des Ungehorsams treibt? Was lässt ihn dem «Nein» der Eltern sein eigenes «Nein» entgegensetzen? Es ist das offenbar in jedem Menschen angelegte Bedürfnis nach Freiheit, nach Eigenständigkeit. Es ist sein Drang, Abhängigkeit zu überwinden, damit schließlich im Erwachsenenalter mündige Lebensgestaltung in eigener Entscheidung möglich wird.

Der Weg des Kindes heraus aus der beschützenden und gebundenen Abhängigkeit von Eltern kann um so konfliktloser vor sich gehen, je mehr die Kinder spüren, dass ihre Eltern diesen Werdeprozess als ein notwendiges Ziel ihrer Erziehung ansehen und das Kind in seinen Befreiungsbemühungen, die sehr lange noch mit vielerlei Bindungstendenzen wechseln, liebevoll und verstehend begleiten.

Dass die Chance zu kraftvoller seelischer Stabilität größer ist, wenn der Mensch in seiner Kindheit auf dem Boden liebevoller Geborgenheit zur Entfaltung seiner Freiheitsbestrebungen kommt, ist, so scheint mir, ein Beweis dafür, dass der Mensch von Gott auf diese Freiheit hin angelegt ist, dass er den Menschen als einen mündigen, freien Mitarbeiter am Schöpfungswerk konzipiert hat.

Viele Darstellungen im Evangelium und in den Paulusbriefen, besonders aber das Gleichnis vom verlorenen Sohn, stützen diese Vorstellung. Ja, die Tatsache, dass Gottes Einwirken in der Geschichte der Menschheit zunehmend weniger direkt wurde, dass er sich der mehr oder weniger verhüllten Mittler und Übermittler bedient, spricht dafür, dass dem Menschen im Zuge seiner Bewusstseinsentwicklung immer größere Freiräume zuerkannt wurden.

Damit vergrößerte sich freilich auch fortgesetzt die Verantwortung des Menschen für sich selbst und für die Schöpfung, damit verstärkte sich für den Durchschauenden die Dramatik der Entscheidung: Entweder zu einem freien Gehorsam für Gott aus Liebe für einen liebenden

Vater in der Übernahme seines Lebensauftrags, oder in vollem Wissen um das Ausschlagen seines Angebots das «Nein» um einer absolut gesetzten Freiheit willen.

Es geht aus dem eben Gesagten bereits hervor, dass das Erziehungsziel, den Sprössling zu voller Entscheidungsmöglichkeit zu befähigen, einer Erziehungsform widerspricht, in der Befreiungsimpulse der Kinder von Anfang an durch strenge, mit Gewalt erzwungene Gehorsamsforderungen unterdrückt werden.

Mit der Einübung der Entfaltung des eigenen Willens lernt das Kind schließlich, sich auch den nötigen individuellen Spielraum im Bereich der Gruppe von Gleichaltrigen zu erkämpfen und sich zu behaupten, ohne überfahren, ausgenutzt oder ausgebeutet zu werden. Auch im sogenannten «Sozialisationsprozess» ist für die optimale Entfaltung beides nötig: Das Inanspruchnehmen des Spielraums ebenso wie das Sicheingrenzen um des anderen und des guten Zusammenhaltes willen.

Es kann nach dem eben Gesagten nicht das Ziel christlicher Eltern sein, bereits im Vorschulalter durch die massive Drosselung von Eigenimpulsen und einer einseitigen Belohnung für Fügsamkeit und Unterordnung kleine Engelein heranzubilden, die sich «christlicher» verhalten als Christus selbst!

Besonders bei den im allgemeinen anpassungsbereiteren Mädchen (aber auch bei den Knaben!) müssen sich christliche Erzieher davor hüten, mit Bibelsprüchen, die aus dem Zusammenhang herausgelöst und für Kinder nicht gedacht sind, diese zu einer superbraven Übergefügigkeit zu zwingen, die es ihnen erschwert, den Status echt reifer Mündigkeit zu erreichen, von der eben gesprochen wurde. Die Kapitel «Aggression und Autorität», sowie

«Ermutigung zum Verändern», in meinem Buch «Mut zum Erziehen» (Christiana-Verlag, 25. Aufl. 1997) vertiefen das eben Gesagte mit psychologischen Begründungen weiter und konkretisieren dieses Erfahrungswissen durch Fallschilderungen.

Dennoch werden jetzt manche bemühten Eltern, die sich bis hierher durch die theoretischen Erörterungen hindurchgekämpft haben, fragen: Ja, heisst denn das, dass ich jeden Ungehorsam meiner Kinder wie beim Prinzip der antiautoritären Erziehung wuchern lassen soll? Das kann als ein Konzept christlicher Erziehung doch gewiss nicht gelten, zumal es sich als eine Gefährdung zur Maßlosigkeit überhaupt nicht bewährt hat.

Richtig, auch das kleine Kind sollte bereits die Erfahrung machen, dass es Verbote gibt, und dass deren Übertretung bei den Eltern mehr oder weniger beträchtlichen Unmut hervorruft. Dabei sollten sich christliche Erzieher gewissermaßen auf das Wesentlichste beschränken. Ein Stück weit ist eine grundsätzliche Einübung zum Gehorsam angebracht. Besonders sinnvoll sind Verbote dort, wo die Gefahr einer Verletzung des Kindes lauert. Je verständiger das Kind wird, desto mehr begreift es dann, dass das Verbot nicht Zwang unter die Alleinherrschaft der Eltern meint, sondern dem Schutz des Kindes dient. Besonders drastisch erfährt es das, wenn es ein solches Verbot übertritt und sich dafür Schmerzen einhandelt.

Je mehr es also die Liebe der Eltern hinter ihren Gehorsamsforderungen spürt, umso eher ist es bereit, schließlich freiwillig und mit innerer Einsicht zu gehorchen. Und besonders so wird das eigentliche Ziel im Erwachsenenalter: Bindung an Gott in persönlicher Freiheit zur Übernahme von persönlicher Verantwortung für die

Schöpfung und ihre Menschen erreicht; denn dann kann auch Gott als der große Liebende hinter unseren Türen erahnt werden. Bei den Kleinkindern können diese Ziele – trotz mancher Mühseligkeiten besonders im sogenannten Trotzalter – doch relativ geradlinig angestrebt werden. Verbote müssen altersentsprechend sein und im Dienst der Erziehung zur Selbständigkeit stehen. Starre Prinzipien schädigen hier mehr als sie nützen.

Für christliche Eltern in unserer Zeit wird es wesentlich komplizierter, wenn ihre Kinder ins Jugendalter eintreten. Jetzt setzt – während des Ablösungsvorganges der Pubertät – ein vermehrtes Bedürfnis ein, sich in die Gruppen der Gleichaltrigen einzubinden. Der modische Trend fördert in der Subkultur der Jugend aber zerstörerische Tendenzen: Auslieferung an eine dämonische Musik, an berauschende Stimulantien vom Nikotin bis zum Rauschgift, die der Gesundheit schaden und eventuell sogar auf die schiefe Bahn bringen, Nötigung zu intimen Beziehungen und bei den Mädchen dadurch dann die Benutzung künstlicher Verhütungsmethoden.

Das geschieht praktisch unter dem Gruppendruck zur Anpassung, dem Jugendliche in dieser Phase nur schwer zu widerstehen vermögen. Es geschieht gleichzeitig mit einer mehr oder weniger direkten Aufforderung zum Ungehorsam gegen die Eltern, indem sie in den Medien als repressiv und veraltet dargestellt werden.

Hier ist eine Verführungsgefahr für unsere Jugendlichen entstanden, für die sich in diesem Ausmaß und in dieser Verzauberung allenfalls im Hitlerreich Parallelen finden lassen. Christliche Eltern sind hier zu höchster Wachsamkeit genötigt; denn ihre Kinder können diesen Gefahren lediglich entgehen, wenn sie bereits in der Vorpubertät darüber aufgeklärt werden, in welches Elend sie unversehens hineingeraten können. Christliche Eltern dürfen hier kein Blatt vor den Mund nehmen. Die Jugendlichen müssen wissen, dass die Tendenz der Subkultur auf diabolische Vernichtung der Seele, des Geistes und oft auch des Körpers aus ist, dass Millionen Jugendliche durch Verführung dieser Art daran gehindert worden sind, ihre Lebensaufträge zu erfüllen und viel zu früh verelendet sterben mussten. Als besonders gesundheitsschädigend hat sich neuerdings die so leicht erschwingliche Designerdroge Ecstasy erwiesen.

Aber diese Warnungen werden vermutlich nur wirkungsvoll greifen können, wenn sich die Eltern weiter um konstruktive Freizeitgestaltungen mit ihren Kindern bemühen. Die Erzieher müssen gerade in diesem Lebensabschnitt ihrer Kinder ihnen noch einmal viel Zeit einräumen, neu und vermehrt gerade auch die Väter. Und wenn die Eltern sich als Chauffeure ihrer Kinder zur regelmäßigen Sporttrainingsstunden, zu Musik- und Orchesterproben, zu Kursen mit kreativem Gestalten einspannen lassen, so ist das mehr als nur ein Pendeldienst. Es ist aber auch mehr als ein Versuch, die Kinder an der Kandare zu halten. Und das sollte ihnen gegenüber in diesem Alter sogar ganz direkt ausgesprochen werden.

Auch das Verbot von Aktivitäten, die den Geist verderben und auf eine negative Schiene setzen, sollte und kann es bei einem behutsamen Bemühen dieser Art geben. Ich habe in den vergangenen Jahren die Erfahrung gemacht, dass die erwachsenen Kinder ihren Eltern deren Einsatz doppelt danken, wenn sie erst voll erkennen können, mit wieviel Liebe diese sie vor einem mörderischen Sumpf bewahrt haben.

Den Mut verlieren sollten christliche Eltern freilich auch dann nicht, wenn trotz aller Warnungen doch der verbotene Weg eingeschlagen wurde, wenn nun doch eine Verführung zur Sucht stattgefunden hat; wenn nun doch ein uneheliches Kind unterwegs ist, wenn der junge Mensch nun doch straffällig geworden ist. Christliche Eltern schlagen dann nicht die Tür zu ihren Kindern zu, wie dies von Fachleuten häufig einmal angeraten wird; sie beweisen gerade in solchen Situationen ihren Kindern die Unverbrüchlichkeit ihrer Liebe.

Es hat nicht im mindesten Sinn, die Unglücklichen jetzt mit Vorwürfen, mit Klageliedern über deren fatalen Ungehorsam und mit wiederholten Tiraden darüber zu plagen, wie recht die Eltern mit ihren Warnungen gehabt hätten. Es hat auch keinen Sinn, die Abgerutschten zu einer Antwort zu nötigen, warum sie denn das den Eltern angetan hätten. Rechthaberei und kleinbürgerliches Jammern nach dem Motto: «Was sollen bloß die Leute sagen?» sind christlicher Erzieher nicht würdig. Sie sollten zunächst einmal mittrauern, mitweinen und sich – wie Christus uns das anempfahl – um Barmherzigkeit bemühen.

Es ist christlichen Erziehern auch angemessen, nach der eigenen Schuld zu fragen, besonders bei der Sünde der Vernachlässigung, und sie sich und den Beteiligten ohne Lamento einzugestehen. Wirklich christliche Erzieher brauchen sich nicht davor zu fürchten, vorhandene Schuld zuzugeben; denn sie haben einen Erlöser, der sie trotz aller Schuld vor 2000 Jahren am Kreuz von Golgota für ihre Rückkehr ins Vaterhaus Gottes teuer erkauft hat. Andererseits sollten die Eltern auch unberechtigte Schuldzuweisungen nicht einfach masochistisch übernehmen. Sehr viel häufiger hat das Straucheln tragische Ursachen und berechtigt nicht zur Verteufelung der Eltern.

Dies alles sollte im Gespräch mit jungen Menschen erörtert werden. Die Bereitschaft, die Folgen mitzutragen und den Betroffenen zur Seite zu stehen, ist allein hier gefragt, damit Wege heraus aus der Not eingeleitet und vorgebahnt werden können. Unbedingt sollte den Beladenen vermittelt werden, dass man als Katholik das Bußsakrament in Anspruch nehmen wird oder bereits genommen hat; dass man kommuniziert und für das beeinträchtigte junge Familienmitglied Fürbitte gehalten hat, dass das sowohl in der Familie, wie eventuell auch in einem Gebets- und Freundeskreis geschieht.

Von größter Wichtigkeit ist es, dass vor allem im Fall einer unerwünschten Schwangerschaft das noch nestlose Paar fest in den Schutz der christlichen Familie genommen, dass das Kind als ein neuer, besonderer Lebensauftrag eventuell auch für die werdenden Großeltern verstanden wird und Lebensformen dementsprechend geändert werden.

Gestrauchelte Jugendliche sollten, so oft das möglich ist, von ihren Eltern im Gefängnis besucht werden – selbst wenn die Delinquenten (meist geschieht das aus verbockter Scham) die Eltern abwehren – am besten einzeln von Vater und von Mutter. Erfahrungsgemäß pflegt doch auf die Dauer das Eis der Verhärtung zu schmelzen, und die liebende Verlässlichkeit der Eltern kann helfen, dass eine stabilisierende Bindung neu entsteht.

Süchtige sollten, sobald die Abhängigkeit des jungen Menschen bekannt wird, sofort einer entsprechenden Einrichtung zugeführt werden. Die Hauptstelle gegen die Suchtgefahren in Hamm vermittelt die entsprechenden

SPARKASSE REGION ST. PÖLTEN
NÖ SPARKASSE UND BANK

BLZ: 20256
DVR: 0014087

Kontoauszug

Alter Kontostand: 107.619,21

Auf Ihrem Konto wurden folgende Buchungen vorgenommen:

		Beträge
BARAUSZAHLUNG	1909	3.970,00-
BEZUG BD:23.09.	*0110	32.648,90
VISA-RECHNUNG 81864058532 64/20256/99998 VISA-SERVICE KREDITKARTEN AG	2609	1.174,79-

Herrn/Frau/Firma

DDR. JOHANN KRAMMER

	Summen
Gutschriften	32.648,90
Belastungen	5.144,79-

Neuer Kontostand

GUTHABEN 135.123,32

0501-064703 26.09.97 1 33

Adressen. Langes Zuwarten verschärft nur die Probleme und erschwert die Rückkehr heraus aus der Sackgasse. Jungen Süchtigen, gleich welcher Art – ob Alkohol- oder Medikamenten-, Drogen-, Fress- oder Magersüchtigen, sollte von ihren Erziehern vermittelt werden, dass es für den Christen keine unüberwindliche Schande bedeutet, schwach, krank und schuldig geworden zu sein. Christus hat uns zugesprochen, dass er gerade für die Elenden in diese Welt gekommen ist, die seiner als des Arztes bedürftig sind. Zeichnet sich Abhängigkeit dieser Art bei Jugendlichen ab – und das pflegt heute um das sechzehnte Altersjahr herum der Fall zu sein –, sollte der Klinikaufenthalt vorbereitet und mit elterlicher Festigkeit die Einweisung vorgenommen werden.

Da uns die politischen Parteien sündhafterweise für unsere Jugendlichen Mündigkeit vom 18. Lebensjahr ab zugemutet haben, ist jenseits dieser Grenze sehr viel weniger heilsamer Eingriff für Eltern möglich. Aber sie sollten sich im Fall von Sucht, die arbeitsunfähig macht, auch nicht dazu hergeben, dass die jungen Erwachsenen zu Hause ihre Tage vergammeln, die Nächte vor dem Fernseher verbringen oder in einer verwahrlosten Aussenszene die Nacht zum Tage machen und schließlich dann noch durch die so große Unzufriedenheit mit dieser Lebensweise das Familienklima vergiften.

Auch hier sollten Eltern Erkundigungen einziehen, einen Klinikplatz vorbereiten und energisch darauf drängen, dass der seelisch kranke Jugendliche ihn in Anspruch nimmt. Verlässlichkeit brauchen auch diese Schwererkrankten. Sie brauchen gewiss eine Solidarität, mit der es vermieden wird, dass die Gesunden sich auf das hohe Ross des Besserseins und der Schuldzuweisungen begeben. Die

Schwererkrankten sollten wissen und von den Angehörigen hören, dass diese sich als mit ihnen im gleichen Boot sitzend empfinden. Aber christliche Eltern müssen sich auch davor hüten, dass die hilflos Gewordenen zu Hause wie in einen Säuglingsstatus zurückfallen. Das hilft nicht weiter. Fremde Hilfe ist hier besser und unumgänglich notwendig. In der Bundesrepublik gibt es jetzt bereits eine ganze Reihe von Kliniken, die auf dem Boden des christlichen Therapiekonzepts arbeiten – mit zum Teil beachtlichen Erfolgen!

Wenn auch die eben dargelegten Probleme meist zunächst durch Ungehorsam gegen die Warnungen von Eltern entstanden, so muss jenseits der Firmung ein Abgleiten der eben beschriebenen Art auch als ein Ungehorsam gegen Gott verstanden werden; denn ER will gewiss nicht die Selbstzerstörung; nicht die habgierige Verletzung von Mitmenschen und nicht zufällige verfrühte, sondern verantwortungsbewusste Elternschaft. Dennoch kann in den eben beschriebenen Fällen von einer bewussten Verweigerung des Gottgehorsams meist nicht gesprochen werden.

Diese jungen Menschen sind vielmehr zu schwach, um kraftvoll zu gehorchen. Sie sind in den meisten Fällen – trotz ihres Lebensalters – nicht wirklich in dem Status, in dem echte Entscheidungen möglich sind. Das jetzt einsetzende Leid kann sie freilich reifklopfen und so eine besonders innige Phase dankbarer Hinwendung zu Gott einleiten. Aber es kann auch das Gegenteil geschehen, dass gewissermaßen der Schutzschild von Taufe und Firmung durchbrochen wird und der Leidende bewusst Gott abschwört. Dann geraten christliche Eltern häufig mit in die gleichen Gefahren, dass das Unglück, die Not mit einem, sogar mit allen Kindern, sie derart niederdrückt, dass sie in Versuchung geraten, ihren Glauben an einen sie liebenden, sich ihrer erbarmenden Gott fallen zu lassen und sich damit selbst der Nacht preiszugeben. Das ist der traurig-dramatische Punkt, an dem der Verzweifelte so ähnlich wie bei Goethe der mit dem Teufel kämpfende Faust, sich ihm (scheinbar) ausliefert mit den Worten: «Fluch sei der Hoffnung, Fluch dem Glauben, und Fluch vor allem der Geduld!»

Dass dies nicht geschieht, auch auf langen, dunklen, leidvollen Wegstrecken nicht, gehört mit zu den schwersten Aufträgen christlicher Erzieher. Bleiben sie im Gebet, in der Fürbitte, bleiben sie mit hoffnunggebenden Gesprächen in unverwüstlichem Gottvertrauen an der Seite ihrer geschwächten Familienmitglieder, halten sie sich fest an Gebetspraxis und Gottesdienst, nehmen sie so ihr Kreuz bejahend auf sich, so besteht viel Hoffnung, dass sich das Leid dennoch wendet und die dramatische Geschichte ähnlich gesegnet endet, wie bei dem vom Schicksal gebeutelten Hiob des Alten Testaments.

Aber selbst wenn das Leiden sich als nicht rückgängig zu machen erweist, bleibt dem im Leid Bewährten, dem gottgetreuen Christen allemal jenseits des Todes die Erwartung ewiger Freude und des Ausgleichs für durchlittene Kreuze durch unseren gerechten Gott, wie er sie in den Seligpreisungen der Bergpredigt den gottgetreuen Leidenden verheissen hat.

Es muss in diesem Zusammenhang darauf hingewiesen werden, dass es unter den christlichen Erziehern ziemlich viele gibt, deren Gottvertrauen im erzieherischen Alltag, deren zuversichtliche Fröhlichkeit auf dem Boden des Wissens über die Erlösung von möglicher Schuld, durch ein skrupulöses Gewissen getrübt wird. Sie fühlen sich an allem und jedem schuldig und ängstigen sich so, als hätten sie sich durch die kleinsten Anlässe Hinrichtung durch ein himmlisches Strafgericht eingehandelt. Das Gewissen dieser Menschen ist krank. Es gibt viel zu oft und viel zu rasch Alarm schon bei nichtigen Anlässen, die mit irgendwelchen Vergehen der Betroffenen gar nichts zu tun haben. Manchmal steht dahinter ein unverarbeitetes Erlebnis von Schuld, von mörderischer Phantasie oder von Handlungen, die sich der Christ verbietet.

Oft ist freilich dergleichen nicht gegeben, und der Mensch hat lediglich eine Verletzung – manchmal z.B. durch eine frühe Misshandlung – erfahren, die eine Erkrankung des Gewissens zur Folge hatte.

Menschen aus christlichen Familien, die an einem kranken Gewissen leiden, sollte nachhaltig davon berichtet werden, wie Jesus Christus von aller Schuld – und erst recht den unschuldig gewissenskrank Gewordenen – heilt. Den so Leidenden sollten die bewährten alten Praktiken der Kirche warm ans Herz gelegt werden.

Das kranke Gewissen kann manchmal auch, nachdem durch psychotherapeutische Prozesse die verdrängte Ursache der Schuldgefühle ans Tageslicht befördert wurde, in der Beichte dem Arzt Christus zu Füßen gelegt werden. Er, der in der Lage ist, Tote aufzuerwecken, kann auch erkrankte Gewissen von ihrer angstgejagten Verkrampfung lösen.

Dafür sollte für die betroffenen Familien gebetet und keine Wege zu einem heilmächtigen Pfarrer, der in der Nachfolge steht, gescheut werden.

V – Vater Gott und die kleinen Väter

Ein Vater, der aus beruflichen Gründen selten schon daheim ist, wenn seine Kinder schlafen gehen, hat am Wochenende die Zeremonie des Vorlesens und Betens bei seiner fünfjährigen Tochter übernommen. «Bei allem, was ich denk' und tu', sieht mir Gott, mein Vater, zu», sprechen sie gemeinsam.

«Das denk' ich auch immer, wenn Du weg bist», sagt die kleine Dorothee und schaut ihren Vater mit leuchtenden Augen an, «wenn die Buben im Kindergarten so scheusslich sind und ich Angst hab, dass sie mich prügeln, dann denk' ich: ‹Vater ist da und beschützt mich›».

Es ist im ersten Teil dieses Buches vorrangig von der nicht zu unterschätzenden Bedeutung der Mutter auf dem Weg zur Glaubenserziehung gesprochen worden. Von der irdischen Mutter über die himmlische Mutter führt der Glaubensweg der Kinder zu Jesus Christus und schließlich zu Gott Vater. Aber die Vorbereitung zu dieser höchsten eigentlichen Zielsetzung unseres Lebens kann umso nahtloser und ohne Aus- und Abbrüche, umso weniger gefährdet erreicht werden, je mehr ein gütiger, verlässlicher, verantwortungsbewusster irdischer Vater diese Aufgabe an seinen Kindern erfüllt hat.

Haben Kinder einen guten Vater, der ihnen Vorbild ist, so wird das Aufschauen zu ihm bald zu einem Aufschauen über ihn hinaus, zu einer Ausschau und zu einem Hinaufhorchen zum himmlischen Vater. Jeder christliche Vater sollte diese Gegebenheit fest in sein Bewusstsein nehmen, wenn er eine Familie gegründet hat.

Spüren die Kinder, dass sie Vaters Schatz sind, fühlen sie sich in seiner Gegenwart wohl und geborgen, wendet sich der Vater seinen Kindern zu und lässt sie gelten, so wächst ihnen intuitiv die Erkenntnis über das Grundwesen des Gottes der Liebe von selbst zu. Die Öffnung zum Tor des Glaubens geschieht im besten Fall nicht erst durch den Religions- und Firmunterricht, sondern prägt sich in der Kleinkinderzeit über die erwiderte Liebe des Kindes für den es liebenden Vater ein.

Diese Liebe des Vaters muss freilich dem Kind sichtbar, sie muss erlebbar werden. Die Voraussetzung dazu ist, dass der Vater sich Zeit für seine Familie nimmt und dass er sich auch immer einmal wieder dem einzelnen Kind alleine zuwendet. Heute wird das in den Medien lautstark gefordert und hat gewiss auch zu mancher Veränderung im Verhalten der Familienväter geführt; und dennoch ist in diesen Trends oft noch so viel apodiktische Forderung und schriller Vorwurf, dass eher das Gegenteil bewirkt wird. Manche Männer werden gar ehescheu oder ziehen sich verschreckt aus der Familie noch mehr zurück. Es ist ungut zu fordern, dass der Vater in der gleichen Stundenzahl an der Familientätigkeit beteiligt sein muss wie die Mutter.

Gerade bei den jungen Familien ist der Vater oft in einer Situation des beruflichen Aufbaus. Und in den meisten Fällen findet die Existenzsicherung ausserhalb der Häuslichkeit ohne eine flexible Arbeitszeit statt. Es wäre unnötig, diese Lage als unhaltbar zu beklagen, wenn die berufliche Abwesenheit des Vaters als eine gute Notwendigkeit für die Familie, als eine dringliche Form seiner Liebe und seiner Verantwortung verstanden und auch den Kindern so vermittelt würde.

Aber damit in den Kindern – wie bei der kleinen Dorothee – das Gefühl wächst, dass «der Geist über den Wassern schwebt», ist es nötig, dass sie auch von Zeit zu Zeit den zugewendeten, anwesenden Vater erleben.

Jedem Leser, der diesem Gedankengang gefolgt ist, wird einleuchten, welch eine gefährliche Glaubensbehinderung hingegen ein nicht vorbildlicher Vater für seine Kinder darstellt. Negativ wirkt der Pascha, der sich zu Hause gehen lässt, der die Beine auf den Tisch legt, Mutter alleine alle Lasten tragen lässt, der herumkommandiert und mit seiner Ehefrau unhöflich oder gar entwürdigend umgeht.

Kinder, die ihren Vater gar als brutal, als gewalttätig und ungerecht erleben, tun sich schwer damit, auf einen gütigen, gerechten, barmherzigen, himmlischen Vater zu hoffen und auf ihn als Auftraggeber und Zielgestalter ihres Lebens zu setzen.

Auch Kinder, die den Vater nur abgewandt, als schweigend unansprechbar erleben und erst recht die, deren Vater sich aus der Verantwortung seiner Familie durch Scheidung und Verbindung mit einer anderen Frau davonschleicht, haben es schwer, über ein solches Versagen des irdischen Vaters zu einem Vaterbild Gottes vorzustoßen, wie Christus es uns als geoffenbarte Wahrheit vermittelt hat. Besonders auch die autokratischen, launischen, im Grunde disziplinlosen Väter, die ihre Gefühle von Schwäche als repressive Stärke an den Kindern abreagieren und das dann als Erziehung bezeichnen, erzeugen in ihren Kindern Misstrauen gegen Gott, den allmächtigen Herrn, weil dicse irdischen Väter Macht missbrauchen und sich als allmächtig gegenüber den ihnen ausgelieferten Kindern gebärden.

Das soll nicht heissen, dass als Vorbereitung zum Glauben (und überhaupt für ein seelisch gesundes Aufwachsen) nicht väterliche Autorität nötig wäre. Aber Auctoritas heisst Schutzpflicht und bedeutet vor allem, dass der Vater ohne Wenn und Aber Gehorsam fordert, wenn Grenzen überschritten werden, die das Leben gefährden, oder wenn das Kind sich auf Kosten der anderen Übergriffe erlaubt und die Gemeinschaft durch überschießende Rücksichtslosigkeiten gefährdet.

Der irdische Vater hat die Pflicht, durch das energische Abweisen von Grenzüberschreitungen, seine Schutzbefohlenen davor zu bewahren, Gottes Zorn heraufzubeschwören. Erziehung zur Gottesfurcht sollte für die Sprösslinge des 20. Jahrhunderts zu neu bewusster erzieherischer Notwendigkeit werden – auf dem Boden der so eindringlich geschichtlichen Erfahrungen dieses Jahrhunderts.

Befehlsgewalt ist auch nötig in einer plötzlichen Gefahr für alle und als Vorübung dazu beim Einüben in gemeinsame Hilfsdienste. Ich bin davon überzeugt, dass sogar die tiefere Stimme, die mit der Geschlechtsreife den jungen Männern zuwächst, den Sinn hat, väterliche Schutzpflichtaufgabe mit mehr Nachdruck vollziehen zu können. Aber nur wenn der Vater sehr bewusst dieses Amt als eine stellvertretende Leihgabe des Schöpfers versteht, kann es ihm gelingen, sie nicht durch Anmaßung, Wildwuchs und willkürliche Entladungen zu missbrauchen.

Unsere Kinder brauchen Gottesfurcht. Sie sollten durch ihre Väter ein Gespür dafür bekommen, dass es Grenzen des Zulässigen gibt. Willentliche Zerstörung, Beschädigung von Mitmenschen, von Natur, von notwendigen Sachen, von Ordnung, von Gemeinschaft nur um der Zerstörung willen muss als vom Vater nicht geduldet erlebt werden, weil von Gott ein Unmaß davon nicht über lange Zeit ungestraft bleibt. Es ist besser, die Kinder erleben hier vom Vater einmal ein lautes, hartes Wort, oder auch eine einengende Strafe, die sich aus dem Vergehen ergibt, als ohne Gespür für die Unumgänglichkeit von Gottesgerichten in ihr Erwachsenenleben hineinzugehen.

Ein vorbildlicher Vater freilich sollte von seinen Kindern, die über die Stränge schlugen und gemaßregelt werden mussten, immer auch als der Vergebende und Vergessende erlebt werden. Wenn er sein eigenes Verhalten nach Gottes Verhalten ausrichtet, wenn er sich in all seiner Gekränktheit etwa durch die Aufmüpfigkeit und respektlose Frechheit seines jugendlichen Sohnes an die vielen gütigen Begnadungen des gütigen Jahwe gegen sein auserwähltes Volk nach all deren Auswüchsen von Ungehorsam gegen ihn erinnert, dann kann er leichter auch mit einem einlenkenden, vergebungsbereiten Gespräch wieder in eine Harmonie zu den Kindern zurückfinden.

Auch das dankbare Bedenken der Langmut Gottes mit dem Versagen und mit den Schwächen des Vaters selbst können hilfreich sein, Kränkungen durch die Kinder zu überwinden und die Sonne über väterlichem Zorn nicht untergehen zu lassen.

Meines Ermessens stellt es in der heutigen Zeit überhaupt eine nicht zu bewältigende Überforderung für Männer dar, ohne eine sehr feste Einbindung in den Glauben zu einer Erfüllung ihrer Aufgaben als Väter zu kommen – in einer Weise, die psychologischen und pädagogischen Anforderungen genügt. Das atheistische liberalistische Modell väterlicher Beliebigkeit hat sich für die junge Generation als bedenklich destruktiv erwiesen. Das Land der alleinerziehenden Mütter, Schweden, hat im internationalen Schnitt die höchste Quote an wohlstandsverwahrlosten

Jugendlichen. Die erschütternde Zahl von 300'000 (meist von ihren Vätern) sexuell missbrauchten Kindern pro Jahr in der Bundesrepublik Deutschland deutet an, wie groß die Gefahr roher Entfesselung selbst für die verbürgerlichten Männer unseres Jahrhunderts immer noch ist – und auch die Zunahme der Kindesmisshandlungen dokumentiert die Gefahr durch Eltern mit ausrastenden, überschießenden Aggressionen.

Besonders die gezähmt vorbildliche Haltung des Vaters will erbetet sein, will durch Einbindung in die Beziehung zu einem ebenso barmherzigen wie straffähigen Gott kniend erwirkt werden. Hier liegt tatsächlich noch ein breites Brachland vor uns, das der ebenso demütigen wie fortschrittlichen Beackerung bedarf.

In unserer Zeit wird so häufig über die Orientierungslosigkeit der Jugend geklagt; aber wie denn sollen die Heranwachsenden Klarheit über die grundsätzlichen Zielrichtungen ihres Lebens gewinnen, wenn sich die Väter nicht mühen, sie ihnen zu weisen? Gewiss kann das nur durch ihr eigenes gelebtes bewusstes Ausgerichtetsein auf Gottes Auftrag geschehen – aber darüberhinaus doch auch durch intensive Gespräche mit ihren Kindern im Firmalter und danach.

Gewiss ist es eine besonders wesentliche Aufgabe von christlichen Vätern an ihren Söhnen, mit ihnen Glaubensfragen zu erörtern, ihrem Zweifel argumentativ zu begegnen, von eigenen Erfahrungen zu berichten und der Kritik standzuhalten. Gewiss können sich Eltern von Jugendlichen in diesen ihren Aufgaben ergänzen, gewiss gilt hier rationale Glaubensuntermauerung genauso für die Mädchen – und doch existiert für christliche Väter noch eine besondere Aufgabe an den jugendlichen Söhnen, weil sie dringender noch einer Verarbeitung des Glaubens durch den Verstand bedürftig sind, bzw. weil sie sich leichter durch eine «Sextanerlogik des Verstandes» zum Abfall vom Glauben verführen lassen. Der glaubwürdige gläubige Vater kann deshalb gerade für die herangewachsenen Söhne ein unaufgebbares Vorbild sein.

Auf diesem Weg kann Erkenntnis und geistige Bestärkung für christliche Väter besonders erhellend durch die Beschäftigung mit der Gestalt des heiligen Josef gewonnen werden. Vorbildlich auch für Väter irdischer Kinder geht sein Weg über das Gefühl von Fremdheit und Ausgeschlossenheit angesichts des Mutter-Kind-Mysteriums hin zur klaren Einsicht der Bejahung eines gottgewollten Auftrags.

Die Bibel umschreibt wunderbar die väterliche Schutzfunktion von Josef durch seinen Traum, die Flucht nach Ägypten und die Andeutung des Lebens im nazarenischen Elternhaus. Und sie deutet zart die tragische Begrenzung aller irdischen Vaterschaft an: Selbst Christus, der Sündlose, muss seinem Vater Josef entgleiten, um «den Willen des Vaters im Himmel zu tun».

Nur Väter, die fest im Glauben stehen, sind in der Lage, das Fortgehen ihrer Kinder zu eigenem Lebensdienst als ein so und nicht anders von Gott verordnetes Schicksal zu verstehen und sich im Umgang mit heranwachsenden Kindern entsprechend zu verhalten. Auch die gottgehorsame Eingrenzung seiner Bemächtigung der in seine Obhut gegebenen Kinder ist für Männer kein selbstverständlich gelingender Schritt.

Väter, die ihre erwachsenen Kinder nicht loslassen wollen, die sich über deren eigene Lebensvorstellungen und -ziele grämen, nur weil sie den ihren nicht entsprechen, gibt es heute noch in großer Zahl. Väter, die es schaffen, sich letztlich gar an der leidvollen Demut von Gott-Vater selbst angesichts der Kreuzigung von Jesus Christus auszurichten, werden es spüren, dass ganz besonders der bewusste Verzicht auf mögliche Allmacht und die Erduldung der Schmerzhaftigkeit des Weges der erwachsenen Kinder in eine nicht auslotbare Tiefe der Gottesbeziehung und Lebensreife zu führen vermögen.

Gläubige Väter also sind not! Es kann keinen Fortschritt geben ohne sie. Denn erst der akzeptierte und angebetete Vater-Gott befähigt zur Väterlichkeit. Und ohne sie kann die Menschengesellschaft auf unserem kleingewordenen Planeten Erde nicht begreifen und realisieren, dass sie Brüder und Schwestern sind. Zur Menschenfamilie können wir nur zusammenwachsen, wenn wir uns in das Licht von Gott, dem Vater, stellen.

W – Wunder sind Zeichen

«Richtige Wunder gibt es nicht», hat unser Pastor gesagt, verkündete jüngst ein Vorkonfirmand aus christlichem Elternhaus am Abendbrottisch und ließ Vater und Mutter alarmiert hochschrecken. «Nein, wirklich nicht», bekräftigte der Junge leicht amüsiert über das Aufsehen, das er damit erregte, «er hat gesagt, alle Wunder, die Jesus getan hätten, wären nur in übertragenem Sinn zu verstehen – und Jungfrauengeburten könnte es gar nicht geben».

«Und die Auferstehung», entfuhr es dem Familienvater, «ist die auch nur ein Bild? Und wie ist es mit der Himmelfahrt und dem Pfingstwunder?»

Der Filius zuckte die Schultern: «Kommt erst zu Ostern dran», entschuldigte er seinen geistlichen Lehrer.

Es bleibt heute keinem christlichen Elternpaar erspart, sich spätestens angesichts einer solchen Situation, am besten aber schon früher, mit der Frage nach der Wahrheit der Wunder im christlichen Glauben auseinanderzusetzen. Die immer größer werdende Glaubensferne und der Vorrang der Naturwissenschaften in unserer Zeit, die Auflösung so manchen Rätsels durch wissenschaftliche Forschung, vor allem aber auch die theologische Schule der sogenannten Entmythologisierung und der historisch kritischen Methode haben hier einen Zuwachs an Skepsis bewirkt.

Die Wundergeschichten der Bibel einfach als das «Geheimnis des Glaubens» unter Ausschaltung des fragenden Verstandes hinzunehmen – das gelingt immer häufiger nur noch weisen Alten und kleinen Kindern. Christliche Eltern müssen hier ganz hellwach sein; längst hat sich gezeigt, dass sich unter dem Anhauch der Entmythologisierung der Glaube und die Glaubenskraft bis zur leergepredigten Kirche verflüchtigte.

«Das Wunder ist des Glaubens liebstes Kind», lässt Goethe seinen Faust sagen, nachdem ihn der Geist des auferstandenen Christus vor der Selbsttötung bewahrt hat; und das will heissen: Christlicher, am Evangelium orientierter Glaube ist im Kern Wundergeschichte.

Ohne Akzeptanz der ungezählten Wunder in den mehr oder weniger gleichlautenden Berichten vieler Augenzeugen, vor allem eben der Evangelisten, hat ein plausibel gemachter Restbestand des Glaubens noch nie über längere Zeit Wirksamkeit entfalten können. Das ist ein sehr sicheres Zeichen dafür, dass die Wunder die Grundsubstanz, ja, die Kernaussage des christlichen Glaubens ausmachen.

Realität basiert auf ehernem Naturgesetz. Tod ist Tod, das heisst Herz und Hirn und alle weiteren Körperfunktionen hören auf zu arbeiten. Das Leben ist weg, der menschliche Körper fällt der Verwesung anheim wie jeder andere biologische Organismus.

Es gibt angeborene unheilbare Krankheiten: Epilepsie, Lähmungen, Blindheit etc., bei denen entsprechende Organe nicht angelegt oder irreversibel geschädigt worden sind. Leben geschieht seit Adam durch gegengeschlechtliche Zeugung, Geburt geschieht seit Evazeiten dadurch, dass das Kind die Mutter «bricht». Jungfräulichkeit jenseits dieser Vorgänge gibt es nicht im irdischen Bereich.

Das Evangelium ist laut Aussage von Jesus Christus die Offenlegung Gottes über sein Wesen, seine Wahrheit und sein Ziel mit der Schöpfung und den Menschen. Diese Darlegung ist von Anfang bis Ende eine Aneinanderreihung von Ereignissen, die gerade diese allen Menschen bekannten Naturgesetze durchbrechen. Provokant und mit einer beschwörenden Eindringlichkeit wird dieses im Evangelium dargestellt.

Drei Tote erweckt Christus wieder zum Leben. Er selbst erscheint nach seiner Grablegung in voller Körperlichkeit und fährt schließlich vor den Augen der Jünger zum Himmel auf. Und er erwirkt, dass sich diese durch und durch streitsüchtige Horde von Menschen plötzlich so einig ist im Glauben, dass sie mit *einer* Zunge, in *einer* Sprache redet, und dass sie von der Ungeheuerlichkeit der erlösenden Wahrheit, die sie erlebt hat, so erfüllt ist, dass eine zweitausendjährige Kultur christlichen Glaubens daraus hervorging.

Welche Wahrheit musste also ausgerechnet durch eine solche Fülle von Wundern belegt werden? Mit dem Zeugnis der Wunder, mit dem Überschreiten der Naturgesetze durch sie, dokumentiert Gott sein Ziel: Die Liebe soll die Natur brechen, wie Christus in der Kreuzigung die Erbsünde gebrochen hat.

Aber diese Liebe integriert, ehrt, veredelt und erhebt die Natur, und nur so enthebt Gott die Natur für den Menschen ihrer Grausamkeit.

Deshalb bleibt Maria Jungfrau – auch jenseits der Geburt des göttlichen Kindes. Deshalb wird die Wesenheit des Gottes der Liebe durch seine Solidarisierung mit den Menschen in all ihrer biologischen Geschöpflichkeit dargestellt. Und um diese Überliebe Gottes zu dokumentieren, lässt er sich ans Kreuz nageln, weil nur sein freiwilliger Tod den unfreiwilligen Tod der Menschen, ihre Sünde und den immer erneuerten Abfall von Gott löschen kann.

Die Erhellung des Menschen darüber, dass der allmächtige Gott, der Schöpfer der Natur, sie dennoch durch Liebe überschreiten will und kann, dass diese von uns Menschen aufgenommene Erkenntnis Glauben heisst, der vom Tod erlöst und Menschen heilt, wenn die innere Bindung zwischen Gott und Mensch wieder hergestellt wird – das ist die Kernaussage des Evangeliums. Sie konnte gar nicht anders vermittelt werden als durch die Wunder des Evangeliums. Und nur durch das bewusste Annehmen der Vorgänge als so geschehene Realität wird Glaube wirkmächtig.

Dass sie auch gleichnishaft zutreffen, dass es eine Übereinstimmung der Offenbarungswirklichkeit mit den in der Tiefe in unserer Seele vorhandenen Bildern der Wahrheit gibt, die als archetypische Schicht in den Träumen aufsteigen und bei Kindern und fühlfähigen Erwachsenen intuitiv ansprechbar sind, sind lediglich ein zusätzlicher Beweis für die Letztgültigkeit der Wunderwahrheit des Evangeliums.

Es ist deshalb auch einleuchtend, dass kleine Kinder näher an der Wahrheit sind als die Jugendlichen unserer immer trivialer, immer oberflächlicher werdenden Welt. Und es ist gewiss nicht einfach, ihnen als Eltern die Wahrheit gegen all die superschlauen Aufklärer zu vermitteln. Auf jeden Fall sollten sich Eltern zuerst einmal selbst Klarheit über die Wirklichkeit der Wunder im oben beschriebenen Sinne verschaffen.

Dem jungen Thomas in unserer Geschichte muss zum Beispiel geantwortet werden: «Thomas, du kannst dich darauf verlassen: Ganz gewiss sind diese Wunder geschehen, wie die Evangelisten sie berichtet haben; denn Gott hat ja gerade die Wunder benutzt, um auf das so unendlich dringliche Anliegen hinzuweisen, das er uns vermitteln will. Die Wunder beweisen Gottes Allmacht, und nur dadurch konnte es geschehen, dass wir heute noch nach 2000 Jahren wissen können, wie sehr uns Gott liebt. So können wir darauf aufbauen, dass er uns damals für alle Zeiten erlöst hat.»

Ich möchte aber gleichzeitig Eltern raten, einen Pfarrer, der Konfirmanden oder Firmlingen den Glauben an die Wunder des Evangeliums auszutreiben sucht, anzusprechen – entweder zu Hause unter sechs Augen, oder an einem Elternabend, zu dem man mit anderen Eltern gemeinsam bittet.

Nicht besserwisserisch, nicht in harter Konfrontation, sondern liebevoll sollte hier theologisch diskutiert werden. Freilich: Zeigt sich, dass der Geistliche noch nicht von seiner akademischen Indoktriniertheit lassen kann, so sollte man keine Kompromisse schließen, sondern sich nach einem echten Hirten für sein Schäflein umsehen.

Es ist gewiss kein auch nur irgendwie gearteter Zufall, dass es Hirten, das heisst, besonders hellhörige Menschen waren (so wie gläubige Seelenführer es sein sollten), denen die Engel in der Weihnachtsnacht die große Freude der Inkarnation Gottes verkündeten. Es waren schließlich die Hirten, die ausser dem heiligen Paar als erste das Wunder in Augenschein nehmen konnten, und das sollte heute noch wie damals freudvollster Anlass sein, um Gott für das Wunder seiner Menschwerdung zu loben und zu preisen.

Das Wunder dieser Wahrheit muss auch von den Seelenhirten heute mit tiefer, bewusster Erschütterung erlebt sein, sonst sind sie als Glaubenshirten unserer Kinder ungeeignet.

Auch heute tut Gott Wunder – oft leise und unbemerkt, manchmal erwirkt durch den Glauben hochbegnadeter Menschen und in tiefer Liebeseinung mit Gott. Die Fürbitte in der Gemeinschaft mit Gläubigen ist deshalb kein Humbug und wird nur dann zum sinnlosen Geplapper, wenn keine innere Konzentration von Pfarrer und Gemeinde vorhanden ist.

Auch das sollte unseren Kindern unbedingt von ihren gläubigen Eltern vermittelt werden: Nicht die Politiker, sondern Gott allein ist der Herr der Geschichte. Der Zusammenbruch der atheistischen Ersatzreligion Marxismus im Osten, der siebzig Jahre brutale Diktatur erbrachte, mag das unserer Jugend heute neu einleuchtend machen. Und mit Bewunderung dürfen wir uns hier im Westen die Dissidentenbewegung der russischen Christen und ihre im Märtyrertum durchgehaltene Gebetspraxis um die Befreiung vom Kommunismus zum Vorbild nehmen.

Zukunft wird nur ein Deutschland haben, in dem die Wahrheit, in dem der Fortschritt mit Christus und seiner Liebe wieder mehr verwirklicht wird. Gläubige Eltern sollten ihren Jugendlichen vermitteln, was für ein großer Auftrag hier auf sie wartet. Und sie sollten von ihren Eltern lernen, dass keinerlei Resignation über die Machtlosigkeit des einzelnen dabei für den Christen Berechtigung hat. Haben wir nur genug Glaubenstiefe und Glaubensleidenschaft, so können wir darauf vertrauen, dass Gott für uns und mit uns Berge versetzt.

Z – Zur Krippe herkommet

Heute ziehen die Sternsinger wieder durch die Lande. Die Kinder christlicher Eltern ersingen sich das Erbarmen der Menschen für Kinder in Not. Kaspar, Melchior und Balthasar sind sie unversehens in den wunderschönsten Verkleidungen und legen an der Krippe all die Gaben, die sie ersangen, all das Gold, den Weihrauch und die Myrrhe ab. Sie «tun Wahrheit», und sie verstehen das auch noch in all der königlichen Unschuld ihrer Seelen...

Später, an der Schwelle zum Erwachsenenalter müssen wir es ihnen neu erklären, dass dieser Stern, der – im wahrsten Sinne bahn-brechend – den drei Weisen aus dem Morgenland voranleuchtete, ein immer noch gültiges «Wahr»-zeichen ist, um die entscheidende Lebensorientierung zu finden: hin zur Krippe, hin zu Gott, hin zum Lebensauftrag unter dem Primat der Liebe.

Die großen, klugen, gelehrten königlichen Männer, die noch nicht einmal zu diesem Volk gehörten, das lange schon auf den prophezeiten Messias wartete, gingen und gingen – tage- und nächtelang. Und sie wichen keineswegs verunsichert zurück, als der Stern über einem Stall stehen blieb, in dem sich allein ein junges Menschenpaar mit einem neugeborenen Kind befand. Vielmehr ließ bereits das erlebte Sternwunder sie wissen, dass dieses Kind der gesuchte König sein müsse. Deshalb gaben sie all ihren wertvollen Besitz bei ihm ab und warfen sich auf die Knie, um es anzubeten.

Auch junge Menschen heute können – wie die heiligen drei Könige – in Glaubenssicherheit auf Christus zugehen, wenn sie – von liebevollen Eltern erzogen – durch deren Liebe für ihre Lebenswanderung gut zugerüstet und kräftig gemacht wurden. Viele junge Menschen werden noch heute dadurch seelisch «reich», fröhlich und antriebsstark. Und das ist die beste Vorbereitung, um diese seelischen Reichtümer und damit sich selbst an Christus zu übergeben, in der Hoffnung, durch ihn begnadet zu werden.

Vermitteln die Erwachsenen ihren Jugendlichen diesen Zugang zur Krippe, so können sie mit Glaubensfestigkeit, mit Bescheidenheit und mit Eifer beschenkt werden. Dann kann alles abfallen, was heute so viele junge Menschen lähmt: Mutlosigkeit, Lebensangst, Leistungsnot, Resignation, aber auch: Überheblichkeit, besserwisserischer Stolz, Geltungssucht und die quälende Furcht, minderwertig zu sein.

Wenn christliche Eltern nur auf dem Posten bleiben und in souveräner Unabhängigkeit nicht vor dem Zeitgeist die Segel streichen und sich die geistliche Verantwortung für ihre Kinder nicht nehmen lassen, wird es ihnen auch gelingen, dass bei ihren Kindern nicht Gleichgültigkeit den Glauben erstickt, sondern dass sie wach werden für die freudige Botschaft, von Gott persönlich geliebt zu sein, da er sich selbst als Wunder aller Wunder jedem von uns schenkt.

Knieend anzubeten wird dem leicht fallen, dem diese Erkenntnis durch sorgsames elterliches Bemühen und durch die Gnade unseres Gottes zugewachsen ist.

MANFRED BALKENOHL

Vom Sinn des Lebens

302 Seiten, Pb., € 4.–, Fr. 7.50

«Eben habe ich das Buch durchstudiert. Ich finde es für unsere Zeit epochal notwendig. Ich beschäftige mich als Priester besonders mit der Familienpastoral. Die negativen Erscheinungen unserer Zeit (Scheidungen, Jugendkriminalität, Süchte) haben ihre Wurzeln im Zerfall der Familie. Das zeigt der Autor in anschaulicher Weise. Hier muss die Neuevangelisierung beginnen.» *(Pfr. M. Dobler)*

GOTTFRIED HERTZKA

Kleine Hildegard-Hausapotheke

272 Seiten, 26-s/w-Abb., 36 Farbfotos, € 16.–, Fr. 28.–

Durch das Charisma der Schau erhielt die hl. Hildegard von Bingen Einblicke in die Wunder der Schöpfung und die Heilkräfte der Natur. Ihre Visionen zeigen uns, wie Leiden zu lindern sind. Dr. G. Hertzka hat die Medizin der Benediktineräbtissin *für unsere Zeit* neu entdeckt, und stellt uns in diesem Buch eine durch langjährige Arztpraxis erprobte Auswahl für den Hausgebrauch vor.

WOLFGANG KUHN

Schöner als Salomons Pracht

86 Seiten, 39 Farbfotos, € 9.90, Fr. 18.–

Eindrucksvolle Bilder, erklärt von einfühlsamen Texten, geleiten den Leser in ungeahnte Geheimnisse aus Tier- und Pflanzenreich. Sie führen zur Tiefe der Schöpfungsschönheit: Der Anwesenheit des Herrn in seinem Werk. Unsere Seele wird angerührt, denn durch und in der Schöpfung lässt sich Gott selbst erkennen.

CHRISTOPH CASETTI

Kleiner Familien-Katechismus

2. Aufl., 176 Seiten, Pb., € 8.90, Fr. 16.–
Ein Großteil der jungen Generation lebt fern der Kirche, weil sie den Glauben nicht kennt. Hier sind Eltern zur Selbsthilfe aufgerufen. Sie sollten den Glauben bezeugen und erklären können. Dieses Buch bietet eine Hilfe; es macht den Glauben in einfacher Sprache verständlich.

FERDINAND HOLBÖCK

Heilige Eheleute

2. Aufl., 361 S., 130 Fotos, geb., Ln, € 19.–, Fr. 33.–
Wussten Sie, dass es heilige Eheleute gibt? Wie sind sie mit ihren Schwierigkeiten fertig geworden, mit Kinderlosigkeit, langer Trennung, Verschwendungssucht oder Untreue? Dieses Buch bietet eine Eheschule, indem es uns heroische Beispiele zeigt. Die Heiligen sind nicht nur Vorbilder, sie können auch unsere Freunde werden.

JOHANNES PAUL II.

Brief an die Familien

80 Seiten, € 4.90, Fr. 9.–
Viele Familien sind krank und in der Gefahr, auseinanderzubrechen. In dieser Situation weiss der Heilige Vater Rat.

MAX THÜRKAUF

Christuswärts

4. erw. Aufl., 33. Tsd., 155 Seiten, € 9.90, Fr. 18.–
Der Naturwissenschaftler Max Thürkauf will mit seinem Buch die junge Generation für Gott begeistern.

CHRISTIANA-VERLAG CH-8260 STEIN AM RHEIN